史记·世家

【卷一】

[西汉] 司马迁·著　金源·编译

陕西新华出版　三秦出版社

图书在版编目（ＣＩＰ）数据

　史记·世家／（西汉）司马迁著；金源编译．-- 西
安：三秦出版社，2008.01（2024.1 重印）
　（国学百部经典丛书）
　ISBN 978-7-80546-035-2

　Ⅰ．①史… Ⅱ．①司… ②金… Ⅲ．①中国－古代史
－纪传体②史记－译文 Ⅳ．① K204.2

中国版本图书馆 CIP 数据核字（2007）第 188798 号

书　　名	史记·世家
作　　者	［西汉］司马迁 著　金源 编译
责　　编	王曙龙
封面设计	新华智品

出版发行	三秦出版社
社　　址	西安市雁塔区曲江新区登高路 1388 号
电　　话	（029）81205236
邮政编码	710061
印　　刷	北京一鑫印务有限责任公司
开　　本	680×1020　1/16
印　　张	18
字　　数	275 千字
版　　次	2008 年 4 月第 2 版
印　　次	2024 年 1 月第 2 次印刷
标准书号	ISBN 978-7-80546-035-2

| 定　　价 | 69.80 元（全二册） |
| 网　　址 | http://www.sqcbs.cn |

前　言

　　《史记》是我国第一部纪传体通史，被鲁迅先生誉为"史家之绝唱，无韵之《离骚》"。作者司马迁，字子长。生于公元前 145 年，卒年不详，我国古代伟大的史学家、文学家。

　　《史记》叙述了上起黄帝，下至汉武帝太初年间三千年来的政治、经济、文化等多方面情况，及帝王将相、儒林游侠等其他重要人物的事迹。全书分十二本纪、十表、八书、三十世家和七十列传，共一百三十篇，五十二万六千五百字。

　　"本纪"实际上就是帝王的传记，因为帝王是统理国家大事的首脑，为他们作传记而名之曰"本纪"，正所以显示天下本统之所在，使官民行事都有一定的纲纪的缘故。

　　"表"是各个历史时期的简单大事记，是全书叙事的联络和补充。

　　"书"是个别事件的始末文献，它们分别叙述天文、历法、水利、经济、文化、艺术等方面的发展和现状，与后世的专门科学史相近。

　　"世家"记载了诸侯王国的大事，这是因为诸侯开国承家、子孙世袭，也就把他们的传记叫作世家。

　　"列传"主要是各种不同类型、不同阶层人物的传记，少数列传则是叙述国外和国内少数民族君长统治的历史。

　　总之，司马迁写作《史记》以"本纪"叙帝王，以"世家"载诸侯，以"列传"记人物，以"书"述典章制度，以"表"排列大事，网罗古今，包括百代，打破了以年月为起迄，如《春秋》的编年史以地域划分和《国语》的国别史的局限，从而创立了贯穿古今和社会生活各个方面的通史先例，成为正史的典范。

　　《史记》在叙事上非常成功，把头绪纷繁的人物和事件组织得详略得当、脉络清楚，使全书的结构既宏伟又严整。在艺术上进行了大量的加工，使得作品文字流利、形象生动，故事情节精彩纷呈。同时，全书语言丰富多变，洗练晓畅，并且融注了作者深沉而强烈的主观感情，读来令人耳目一新。

　　《史记》在历史文学上也有很高的成就，尤为突出的是对人物的描写。书中对社会各阶层人物的活动有广泛而生动的描写，特别是对于下层人民的才智功德作了鲜明的肯定和表彰。《陈涉世家》专门为农民起义领袖陈涉立传，高度评价了他在推翻秦王朝统治中的"首事"之功。《刺客列传》歌颂荆轲、聂政等刺客的抗暴精神。《魏公子列传》里着重赞扬了侯嬴、朱亥这些市井之民的才智和侠义。《货殖列传》则通过对商贾活动的描述，保存了极为珍贵的古代经济史料。政治家、军事家、学者、文人、游侠、娼优、医者、卜者等各类人物都在书中留下栩栩如生的剪影，构成了一幅色彩斑斓的社会生活画卷，加上作者对所记述的人和事"不虚美，不隐恶"的"实录"态度，是《史记》的思想价值高出于后来一切官修史书之所在。

以史为鉴，知千秋盛衰兴趣；前事不忘，明万代是非得失。今读《史记》可知王侯将相兴衰之道，先哲圣贤治世之方，更可以推陈出新，古为今用，实乃一部治国安邦、立身处世的最佳教科书。

编　者
2008 年 1 月

目　录

卷　一

卷　二

史记·世家

吴太伯世家

【原文】

吴太伯，太伯弟仲雍，皆周太王之子，而王季历之兄也。季历贤，而有圣子昌，太王欲立季历以及昌，于是太伯、仲雍二人乃奔荆蛮，文身断发，示不可用，以避季历。季历果立，是为王季，而昌为文王。太伯之奔荆蛮，自号勾吴。荆蛮义之，从而归之千余家，立为吴太伯。

【译文】

吴太伯和他的弟弟仲雍都是周太王的儿子，季历王的哥哥。季历很贤能，而又有一位贤德的儿子昌，太王想要立季历然后传位给昌。太伯、仲雍了解父亲的心意，于是两个人就一起逃到荆蛮，在身上刺纹彩，又剃除头发，以表示自己不会当国君的，来避让季历。季历继位，这就是王季，而昌后来也因而继位为文王。太伯逃奔到荆蛮以后，自号为勾吴。荆蛮人崇敬他的义行，因而归附他的有一千多家，拥立他为吴太伯。

枚父辛簋　商代后期，通高18厘米，宽25.1厘米，重5.36千克。释文：枚父辛。

【原文】

太伯卒，无子，弟仲雍立，是为吴仲雍。仲雍卒，子季简立。季简卒，子叔达立。叔达卒，子周章立。是时周武王克殷，求太伯、仲雍之后，得周章。周章已君吴，因而封之。乃封周章弟虞仲于周之北故夏虚，是为虞仲，列为诸侯。

【译文】

太伯去世，因为没有儿子，就由弟弟仲雍继位，这就是吴仲雍。仲雍去世，由儿子季简继位。季简去世，由儿子叔达继位。叔达去世，由儿子周章继位。

这时周武王已经灭了商朝，寻找太伯、仲雍的后代，找到周章。周章这时是吴的君长，因此就封他于吴。又封周章的弟弟虞仲于周室北边以前的夏都遗址，这就是虞仲，位列诸侯之中。

【原文】

　　周章卒，子熊遂立。熊遂卒，子柯相立。柯相卒，子强鸠夷立。强鸠夷卒，子馀桥疑吾立。馀桥疑吾卒，子柯卢立。柯卢卒，子周繇立。周繇卒，子屈羽立。屈羽卒，子夷吾立。夷吾卒，子禽处立。禽处卒，子转立。转卒，子颇高立。颇高卒，子句卑立。是时晋献公灭周北虞公，以开晋伐虢也。句卑卒，子去齐立。去齐卒，子寿梦立。寿梦立而吴始益大，称王。

【译文】

　　周章去世，由儿子熊遂继位。熊遂去世，由儿子柯相继位。柯相去世，由儿子强鸠夷继位。强鸠夷去世，由儿子馀桥疑吾继位。馀桥疑吾去世，由儿子柯卢继位。柯卢去世，由儿子周繇继位。周繇去世，由儿子屈羽继位。屈羽去世，由儿子夷吾继位。夷吾去世，由儿子禽处继位。禽处去世，由儿子转继位。转去世，由儿子颇高继位。颇高去世，由儿子句卑继位。这时晋献公消灭了周王室都城北面的虞公，准备向虢扩展领土。句卑去世，由儿子去齐继位。去齐去世，由儿子寿梦继位。寿梦即位以后，吴国国势开始日益强大，自称为王。

【原文】

　　自太伯作吴，五世而武王克殷，封其后为二：其一虞，在中国；其一吴，在夷蛮。十二世而晋灭中国之虞。中国之虞灭二世，而夷蛮之吴兴。大凡从太伯至寿梦十九世。

【译文】

　　从太伯建立吴国，传了五代，到周武王灭了殷商，封他的后代为两个诸侯：一为虞国，在中原境内；一为吴国，在夷蛮地区。传了十二代，晋国灭掉了中原地区的虞国。中原地区的虞国灭亡后，传了两代，在夷蛮地区的吴国逐渐崛起。总计从太伯传到寿梦共有十九代。

【原文】

　　王寿梦二年，楚之亡大夫申公巫臣怨楚将子反而奔晋，自晋使吴，教吴用兵乘车，令其子为吴行人，吴于是始通于中国。吴伐楚。

　　十六年，楚共王伐吴，至衡山。

　　二十五年，王寿梦卒。

【译文】

　　吴王寿梦二年，楚国的出亡大夫申公巫臣因为怨恨楚将子反，逃亡到晋国，又从晋国出使到吴国，教吴国作战驾车的技艺，又叫他儿子担任吴国礼宾长，吴国从此开始与中原地区有往来。并且派兵去攻伐楚国。

　　十六年，楚共王派兵攻伐吴国，直到衡山。

　　二十五年，吴王寿梦去世。

乳丁三耳簋　高19.1厘米，口径30.5厘米，重6.94千克。圆体，深腹，高圈足。

【原文】

　　寿梦有子四人，长曰诸樊，次曰馀祭，次曰馀眛，次曰季札。季札贤，而寿梦欲立之，季札让不可，于是乃立长子诸樊，摄行事当国。

【译文】

　　寿梦有四个儿子，大儿子叫诸樊，二儿子叫馀祭，三儿子叫馀眛，小儿子叫季札。季札很贤能，寿梦想要传位给他，季札谦让，认为不适宜。于是立长子诸樊，由他代理执行政务，掌管国家政权。

【原文】

　　王诸樊元年。诸樊已除丧，让位季札。季札谢曰："曹宣公之卒也，诸侯与曹人不义曹君，将立子臧，子臧去之，以成曹君，君子曰'能守节矣'。君义嗣，谁敢干君！有国，非吾节也。札虽不材，愿附于子臧之义。"吴人固立季札，季札弃其室而耕，乃舍之。秋，吴伐楚，楚败我师。

　　吴王诸樊元年，诸樊服丧已经期满，让君位给季札，季札推辞道："当年曹宣公去世的时候，诸侯和曹国人都认为曹国的新君曹成公杀了太子，而自立为王，不知守义，想要拥立子臧为国君，子臧就逃离曹国，以成全曹成公，君子认为他能保持节操。您是合法继承人，还有谁敢冒犯您？担任国君并非我在节义上所应行的事，我虽然没有什么才能，但也愿意追附子臧的节义。"吴国人坚持要拥立季札为国君，季札不得已，就抛弃了自己的家室，而去种田，吴国人这才不强迫他继位。秋天，吴国派兵攻伐楚国，楚国打败了吴军。

【原文】

　　　　　　　　四年，晋平公初立。

　　　　　　　　十三年，王诸樊卒，有命授弟馀祭。欲传以次，必致国于季札而止，以称先王寿梦之意，且嘉季札之义，兄弟皆欲致国，令以渐至焉。季札封于延陵，故号曰延陵季子。

　　　　　　　　王馀祭三年，齐相庆封有罪，自齐来奔吴。吴予庆封朱方之县，以为奉邑，以女妻之，富于在齐。

【译文】

　　四年，晋平公即位。

　　十三年，吴王诸樊去世，遗命将君位传给弟弟馀祭，想要依次传位，最终将王位传给季札为止，以符合先王寿梦的意愿，而且赞美季札的高风亮节。他们兄弟都想要如此传国，按渐次把君位传给季札。季札被封于延陵，所以称号叫延陵季子。

　　吴王馀祭三年，齐相庆封有罪，从齐国逃到吴国，吴国把朱方县封给庆封，作为他的奉邑，并把宗室之女嫁给他为妻，使得他比原来在齐国时还富裕、风光。

【原文】

　　　　　　　　四年，吴使季札聘于鲁，请观周乐。为歌《周南》、《召南》。曰："美哉，始基之矣，犹未也，然勤而不怨。"歌《邶》、《鄘》、《卫》。曰："美哉，渊乎，忧而不困者也。吾闻卫康叔、武公之德如是，是其《卫风》乎？"歌

《王》。曰："美哉，思而不惧，其周之东乎？"歌《郑》。曰："其细已甚，民不堪也，是其先亡乎？"歌《齐》。曰："美哉，泱泱乎大风也哉！表东海者，其太公乎？国未可量也。"歌《豳》。曰："美哉，荡荡乎，乐而不淫，其周公之东乎？"歌《秦》。曰："此之谓夏声。夫能夏则大，大之至也，其周之旧乎？"歌《魏》。曰："美哉，沨沨乎，大而宽，俭而易，行以德辅，此则盟主也。"歌《唐》。曰："思深哉，其有陶唐氏之遗风乎？不然，何忧之远也？非令德之后，谁能若是！"歌《陈》。曰："国无主，其能久乎？"自《邻》以下，无讥焉。歌《小雅》。曰："美哉，思而不贰，怨而不言，其周德之衰乎？犹有先王之遗民也。"歌《大雅》。曰："广哉，熙熙乎，曲而有直体，其文王之德乎？"歌《颂》。曰："至矣哉，直而不倨，曲而不诎，近而不偪，远而不携，迁而不淫，复而不厌，哀而不愁，乐而不荒，用而不匮，广而不宣，施而不费，取而不贪，处而不底，行而不流。五声和，八风平，节有度，守有序，盛德之所同也。"见舞《象箾》、《南篰》者，曰："美哉，犹有感。"见舞《大武》，曰："美哉，周之盛也其若此乎？"见舞《韶濩》者，曰："圣人之弘也，犹有惭德，圣人之难也！"见舞《大夏》，曰："美哉，勤而不德，非禹其谁能及之？"见舞《招箾》，曰："德至矣哉，大矣，如天之无不焘也，如地之无不载也，虽甚盛德，无以加矣。观止矣，若有他乐，吾不敢观。"

【译文】

四年，吴国派遣季札出使鲁国，季札到了鲁国，请求观赏保存在鲁国的周天子礼乐。鲁国乐师便为他演唱《周南》《召南》的诗章，季札听完之后评论道："这些乐章很美啊！从这些诗章中可以看出周朝的教化已经奠定基础了，可惜的是尚未达到尽善尽美的地步，然而它唱出了百姓勤劳而无怨愤的声音。"接着又为他演唱《邶》《鄘》《卫》的诗章，季札评论说："这些乐章很美啊！章调深沉，情绪忧伤而不困惑。我听说卫康叔、武公有如此的德泽，那么这些大概是《卫风》乐曲吧?"乐师又为他演唱《王风》的诗章,季札评论说:"这些乐章很美啊! 虽有忧患之思,可是并不会令人产生恐惧之感,那么这些应该是周王室东迁以后的乐曲了吧?"又为他演唱《郑风》的诗章,季札评论说:"音节过于细弱,象征着郑国政令的苛细烦琐,说明人民将忍无可忍。郑国大概要先灭亡吧?"又为他演唱《齐风》的诗章,季札评论说:"这些乐章很美啊! 音节深远弘大,具有大国之风,象征着东海,这应该是姜太公的风范吧? 可以看出齐国必定有所作为啊!"又为他演唱《豳风》的诗章,季札评论说:"这些乐章很美啊! 音节坦荡宽弘,象征着民情虽然欢乐愉悦,然而能够有所节制,这些大概是周公东征时的乐曲吧?"又为他演唱《秦风》的诗章,季札评论说:"这就是西方的音乐,能为西方之声,音节就能宏大,宏大到了极点,这些应该是周室旧地的音乐吧?"又为他演唱《魏风》的诗章,季札评论说:"这些乐章很美啊! 宛转抑扬,象征着粗犷而柔美,简约而易行,如果能够以德教来辅政的话,就能成为贤明的君王了。"又为他演唱《唐风》的诗章,季札评论说:"忧思深沉啊! 这应该有陶唐氏的遗风了吧? 否则,哪会如此的忧深思远呢? 如果不是有美德之君的后代,是不会达到如此的地步!"又为他演唱《陈风》的诗章,季札评论说:"国家没有君主,这个国家还能传承久远吗?"从《邻风》以下的诗章,季札并没有给予评论。接着乐师又继续为他演唱《小雅》的诗章,季札评论说:"这些乐章很美啊! 有忧患之思,可是并没有叛离之意;虽然有怨恨之情,可是却不直言;这不预示着周德的衰微吗? 但是还有先王遗民之风啊!"又为他演唱《大雅》的诗章,季札评论说:"音节宽宏和谐,表面上虽然曲折柔缓,可是其中却刚健强劲,这不正象征着文王的美德吗?"又为他演唱《颂》的诗章,季札评论说:"这些乐章美极了,音节虽然刚劲,可是并不倨傲;虽然柔婉曲折,可是并不卑下靡弱;虽然紧密,可是并不局促逼隘;虽然节奏疏缓,可是并不散漫游离;虽然变化多端,可是并不放纵无度;虽然反复回旋,可是并不会让人感到厌倦;虽然心怀哀思,可是并不愁苦忧伤;虽然欢乐愉悦,可是并不愚昧可笑;有圣人之才的智慧虽然加以使用,可是并不会缺乏;含蓄宽广,而不自显;施惠而不耗费;如果向人求取,但不贪婪;节奏均匀适度,有时声音好像静止了,但是实际上并未停顿中断;有时声音又好像流动不已,但是实际上并非泛滥无归。五声谐和,八音协调,节奏有法度,旋律有规则,这些都是圣贤所共同具有的。"接着又观赏了《象箾》《南籥》之舞,季札评论说:"舞姿很美啊! 可是还有一些不足之处。"又观赏了周武王的《大武》之舞,季札评论说:"舞姿很美啊! 周朝

禹 姓姒,因治水有功,受舜禅让成为炎黄部落联盟的首领,亦称大禹,夏禹。

的兴盛就像这样吧？"又观赏了商汤的《韶濩》之舞，季札评论说："像圣人那样伟大宽弘，可是在德性上却感觉不够，可见做圣人不容易啊！"又观赏了大夏禹的《大夏》之舞，季札评论说："舞姿很美啊！勤劳而不自以为有恩德，要不是大禹，谁能做到这种地步呢？"又观赏了有虞氏的《招箾》之舞，季札评论说："德行美善极了，有如上天般无不遮覆，又有如大地般无不承载，虽然是很盛美的德性，却没有能够再赶得上它了。看到这里我心满意足了，如果还有其他音乐，我也不敢再要求观赏了。"

成周铃　西周早期。通高8.5厘米，口径6.5厘米，重0.164千克。平口，顶上有半环形钮，铃身一侧倾斜，开成不平衡状态。

【原文】

去鲁，遂使齐。说晏平仲曰："子速纳邑与政。无邑无政，乃免于难。齐国之政将有所归；未得所归，难未息也。"故晏子因陈桓子以纳政与邑，是以免于栾、高之难。

【译文】

季札离开鲁国，又出使到齐国，劝晏平仲说："你最好赶快把封邑与政权交还给国君，没有了封邑，不参与国政，你就不会有灾祸了。齐国的政权将会有所归属；没有得到归属，灾难是不会止息的。"因此晏子就通过陈桓子把封邑和政权交还给齐君，所以后来晏子才避免了栾、高二氏作乱的灾难。

【原文】

去齐，使于郑。见子产，如旧交。谓子产曰："郑之执政侈，难将至矣，政必及子。子为政，慎以礼。不然，郑国将败。"

去郑，适卫。说蘧瑗、史狗、史鰌、公子荆、公叔发、公子朝曰："卫多君子，未有患也。"

【译文】

季札离开齐国后，又出使到郑国，见了子产如同老友相逢。他对子产说："郑国目前的执政大夫荒淫无度，将会有祸难降临，郑国的政权迟早要落到你身上。你将来推行政令，应该谨慎地遵循礼制，否则，郑国将要灭亡。"

季札离开郑国，又出使到卫国。劝说蘧瑗、史狗、史鰌、公子荆、公叔发、公子朝，说道："卫国有很多君子，国家不会有祸患的。"

【原文】

自卫如晋，将舍于宿，闻钟声，曰："异哉！ 吾闻
之，辩而不德，必加于戮。夫子获罪于君以在此，惧
犹不足，而又可以畔乎？ 夫子之在此，犹燕之巢于幕
也。君在殡而可以乐乎？"遂去之。文子闻之，终身不
听琴瑟。

【译文】

季札又从卫国到晋国，准备住在戚地，听到钟声，说道："孙文子鼓钟作
乐很奇怪啊！ 我听说只逞才辩，却不知以德服人，必将遭到杀戮。孙文子会得
罪君王，就在于此！ 心怀畏惧犹恐不足，还可以反而鼓钟作乐吗？ 孙文子在
这里就如燕子筑巢在帷幕上，处境非常危险。现在国君的灵柩还没有下葬，怎
么能够鼓钟作乐呢？"就离开了那里。后来孙文子听到这话，一辈子都不听琴
瑟的声音了。

【原文】

适晋，说赵文子、韩宣子、魏献子曰："晋国其萃
于三家乎！"将去，谓叔向曰："吾子勉之！ 君侈而多良，
大夫皆富，政将在三家。吾子直，必思自免于难。"

【译文】

季札到了晋国，对赵文子、韩宣子、魏献子说道："晋国的政权将会落在
三家大夫之手吧！"临走的时候，对叔向说："你要尽力啊！ 现在晋国国君荒淫
无度，而又有很多良臣，这些大夫都很富有，晋国国政将会被这三大夫之家所
得。你为人正直，一定要想办法使自己避开这场灾难！"

【原文】

季札之初使，北过徐君。徐君好季札剑，口弗敢言。
季札心知之，为使上国，未献。还至徐，徐君已死，于
是乃解其宝剑，系之徐君冢树而去。从者曰："徐君已
死，尚谁予乎？"季子曰："不然。始吾心已许之，岂以
死倍吾心哉！"

【译文】

　　当季札刚开始出使北行的时候，北上途中拜见徐君，徐君很喜欢季札所佩的剑，可是不好意思说出来。季札明白徐君的意思，因要出使到中原诸国，不能不佩剑，因此未能当时就把剑赠给他。等到出使回来，又经过徐国，徐君已经去世了，于是季札就解下自己的宝剑，把它挂在徐君墓前的树上，然后才离去。随从的人说："徐君已经死了，还要送给谁呢？"季札答复说："话不能这么讲，当初我内心已经答应送他了，难道就因为他现在已经死了，就违背我的本意吗？"

【原文】

　　　　　　七年，楚公子围弑其王夹敖而代立，是为灵王。

　　　　　　十年，楚灵王会诸侯而以伐吴之朱方，以诛齐庆
　　封。吴亦攻楚，取三邑而去。

　　　　　　十一年，楚伐吴，至雩娄。

　　　　　　十二年，楚复来伐，次于乾谿，楚师败走。

　　　　　　十七年，王馀祭卒，弟余昧立。

【译文】

　　吴王馀祭七年，楚国的公子围杀了楚国国君夹敖而自立为君，即楚灵王。

　　十年，楚灵王会合诸侯攻伐吴国的朱方，杀了齐国的庆封。吴国也派兵攻楚，攻取了楚国的三个城邑而撤退。

　　十一年，楚国攻伐吴国，到达雩娄。

　　十二年，楚国又来侵伐，驻军在乾谿，结果楚国军队被吴国打败而逃走。

　　十七年，吴王馀祭去世，由弟弟馀昧继位。

【原文】

　　　　　　王余昧二年，楚公子弃疾弑其君灵王代立焉。

　　　　　　四年，王余昧卒，欲授弟季札。季札让，逃去。于是吴
　　人曰："先王有，兄卒弟代立，必致季子。季子今逃位，则
　　王余昧后立，今卒，其子当代。"乃立王余昧之子僚为王。

　　　　　　王僚二年，公子光伐楚，败而亡王舟。光惧，袭楚，
　　复得王舟而还。

五年，楚之亡臣伍子胥来奔，公子光客之。公子光者，王诸樊之子也。常以为吾父兄弟四人，当传至季子。季子即不受国，光父先立。即不传季子，光当立。阴纳贤士，欲以袭王僚。

八年，吴使公子光伐楚，败楚师，迎楚故太子建母于居巢以归。因北伐，败陈、蔡之师。

九年，公子光伐楚，拔居巢、钟离。初，楚边邑卑梁氏之处女与吴边邑之女争桑，二女家怒相灭，两国边邑长闻之，怒而相攻，灭吴之边邑。吴王怒，故遂伐楚，取两都而去。

【译文】

王余眛二年，楚国的公子弃疾杀死了楚国国君灵王而自立为君。

四年，吴王余眛去世，想要把君位传给弟弟季札，季札辞让而逃。于是吴国人说："先王有遗嘱，哥哥死了，弟弟继位，一定要把君位传给季札。季札外逃，而吴王余眛是最后被立为君的，现在他已去世，应当由他的儿子代立为君。"于是就立吴王余眛的儿子僚为吴王。

吴王僚二年，公子光讨伐楚国，结果打了败仗，而且还丢失了先王生前的坐船，光心中恐惧，便率领余众偷袭楚军，又重获先王的坐船才回师。

五年，楚国的伍子胥逃奔到吴国来，公子光以宾客之礼接待他。公子光是吴王诸樊的儿子，他一直认为父亲规定王位，应当顺兄弟之序传位给季札。季札既然不愿意接受国君之位，而光的父亲先于其他兄弟即位，现在既然不能传位给季札，光就应当继位。因此他就暗中招纳贤士，想要找机会篡夺王位。

八年，吴国派遣公子光领兵攻打楚国，打败楚国军队，把楚国前太子建的母亲从居巢接回来。并乘胜北伐，又打败了陈、蔡两国的军队。

九年，公子光再度攻伐楚国，攻下居巢、钟离两邑。战争的起因是楚国边邑卑梁氏的少女和吴国边邑的女子为采桑叶而争执，两女的家里因此愤怒而互相仇杀，两国边邑的官长知道了，也因此愤怒而互相攻打，吴国的边邑被楚国所占领。吴王一怒之下，就派兵伐楚，攻下上述两个都邑才离去。

【原文】

伍子胥之初奔吴，说吴王僚以伐楚之利。公子光曰："胥之父兄为戮于楚，欲自报其仇耳。未见其利。"

于是伍员知光有他志，乃求勇士专诸，见之光。光喜，乃客伍子胥。子胥退而耕于野，以待专诸之事。

【译文】

伍子胥刚逃奔到吴国的时候，劝谏吴王僚，告诉他攻伐楚国的好处。公子光却说："伍子胥的父亲、哥哥都被楚王杀死，他只是想借伐楚为自己报私仇罢了，不会对我们吴国有好处的。"这时伍子胥才知道光别有用心，就找到一个叫专诸的勇士，去拜见公子光。光很高兴，就以宾客之礼来接待伍子胥。子胥就隐退到田野耕种，以等待专诸的行动。

【原文】

十二年冬，楚平王卒。

十三年春，吴欲因楚丧而伐之，使公子盖馀、烛庸以兵围楚之六、灊。使季札于晋，以观诸侯之变。楚发兵绝吴兵后，吴兵不得还。于是吴公子光曰："此时不可失也。"告专诸曰："不索何获！我真王嗣，当立，吾欲求之，季子虽至，不吾废也。"专诸曰："王僚可杀也。母老子弱，而两公子将兵攻楚，楚绝其路。方今吴外困于楚，而内空无骨鲠之臣，是无奈我何。"光曰："我身，子之身也。"四月丙子，光伏甲士于窟室，而谒王僚饮。王僚使兵陈于道，自王宫至光之家，门阶户席，皆王僚之亲也，人夹持铍。公子光详为足疾，入于窟室，使专诸置匕首于炙鱼之中以进食。手匕首刺王僚，铍交于匈，遂弑王僚。公子光竟立为王，是为吴王阖闾。阖闾乃以专诸子为卿。

【译文】

十二年冬，楚平王去世。

十三年春，吴国想趁楚国办丧事的机会去攻伐楚国，派遣公子盖馀、烛庸领兵围攻楚国的六、灊两邑。并且派遣季札到晋国，以观察诸侯的反应。不料楚国却派兵断绝了吴兵的后路，吴兵因此回不来。这时吴国公子光就说："这

吴王光鉴　春秋晚期吴国水器。因为作者为吴王光（阖庐）故名。1955年出土于安徽寿县蔡侯墓，高35厘米，口径59厘米。现藏于中国国家博物馆。

一大好机会，不能失去啊！"告诉专诸说："此时不下手更待何时呢？我才是真正国君的后代，按理应该继位，我想要趁此机会求得王位。将来季札即使回国，料想他不会废除我的君位。"专诸说："吴王僚可以杀了，他母老子幼，而两个公子正领兵去攻伐楚国，却被楚国断绝了后路。如今吴王在国外已经被楚国所困陷，在国内又没有忠诚正直的臣子，如此将对我们防不胜防。"光说："我的身体即是你的身体。"四月丙子日，光预先在地下室埋伏了武装兵士，而邀请王僚到家宴饮。王僚派兵排列在路途上，从王宫一直到光的家宅，大门、台阶、内门、坐席上都布满了王僚的亲信，又有持刀带剑的卫士在两旁护卫王僚。公子光假装脚痛，躲入地下室，派遣专诸在烤鱼中藏了匕首，把鱼呈给王僚，突然专诸快速地抽出匕首刺杀王僚，而他自己也被刀剑穿胸刺杀，杀死了王僚。公子光于是继位为王，这就是吴王阖闾。阖闾就任命专诸的儿子为国卿。

【原文】

　　季子至，曰："苟先君无废祀，民人无废主，社稷有奉，乃吾君也。吾敢谁怨乎？哀死事生，以待天命。非我生乱，立者从之，先人之道也。"复命，哭僚墓，复位而待。吴公子烛庸、盖馀二人将兵遇围于楚者，闻公子光弑王僚自立，乃以其兵降楚，楚封之于舒。

【译文】

　　季札回来，就说："如果能让先王的祭祀不至于废绝，人民不至于没有国君，社稷之神能得到奉祀，他就是我国的君子，我还敢责怪谁呢？也只有哀悼死者，侍奉生者，以顺应天命了。这祸乱并非由我引起，谁即位为君，我就顺从于谁，这是先人所遵循的常法。"于是就到了王僚的墓前报告出使的经过，并且向王僚哭祭，然后复居本来的职位，等待阖闾所交托的任务。吴国公子烛庸、盖馀两人本来是领兵作战被包围在楚国，听说公子光杀了王僚，自立为王，就率领军队投降楚国，楚国把他们封在舒邑。

【原文】

　　王阖闾元年，举伍子胥为行人而与谋国事。楚诛伯州犁，其孙伯嚭亡奔吴，吴以为大夫。

三年，吴王阖闾与子胥、伯嚭将兵伐楚，拔舒，杀吴亡将二公子。光谋欲入郢，将军孙武曰："民劳，未可，待之。"

四年，伐楚，取六与灊。五年，伐越，败之。

六年，楚使子常囊瓦伐吴。迎而击之，大败楚军于豫章，取楚之居巢而还。

【译文】

吴王阖闾元年，任命伍子胥为行人，参与谋划国家大政。楚国杀了伯州犁，伯州犁的孙子伯嚭也逃奔到吴国来，吴国任命他为大夫。

三年，吴王阖闾与子胥、伯嚭领兵攻伐楚国，攻下舒邑，杀死吴国的逃将两公子。光想谋划攻入楚国国都郢，将军孙武说："如今人民征战劳苦，恐怕行不通，不如稍作等待。"

四年，又去攻伐楚国，攻取六与灊两邑。五年，派兵攻伐越国，把越国打败。

六年，楚国派遣子常囊瓦攻伐吴国。吴国派兵迎击，在豫章大败楚国军队，占取楚国的居巢而回。

【原文】

九年，吴王阖闾请伍子胥、孙武曰："始子之言郢未可入，今果如何？"二子对曰："楚将子常贪，而唐、蔡皆怨之。王必欲大伐，必得唐、蔡乃可。"阖闾从之，悉兴师，与唐、蔡西伐楚，至于汉水。楚亦发兵拒吴，夹水陈。吴王阖闾弟夫槩欲战，阖闾弗许。夫槩曰："王已属臣兵，兵以利为上，尚何待焉？"遂以其部五千人袭冒楚，楚兵大败，走。于是吴王遂纵兵追之。比至郢，五战，楚五败。楚昭王亡出郢，奔郧。郧公弟欲弑昭王，昭王与郧公奔随。而吴兵遂入郢。子胥、伯嚭鞭平王之尸以报父仇。

【译文】

九年，吴王阖闾问伍子胥、孙武说："当初你们说还不到攻进郢都的时候，现在是不是已到时候了？"两人回答道："楚国的将军子常为人贪心不足，而唐、蔡两国都怨恨他，君王如果一定要大举兴兵去攻伐楚国，一定要得到唐、蔡两国的援助才行。"阖闾采纳了他们的意见，出动国内所有的军队，与唐、蔡两国共同西向攻伐楚国，一直到达汉水边。楚国也派兵抵抗吴军，双方隔着汉水排列阵势。吴王阖闾的弟弟夫概想要先发动进攻，阖闾不同意。夫概说："君王已经把军队交托给我，军事行动最好能先占取有利的时机，又何必再等待呢！"于是就以自己所统领的五千人去攻袭楚军，楚军大败，逃走。于是吴王就纵使军队乘胜追击。等攻到郢都，双方共五次交战，楚国五次都被

打败。楚昭王逃离郢都，投奔到郧，郧公的弟弟想要杀死昭王，昭王就和郧公逃奔到随国。吴国军队攻进郢都，子胥、伯嚭就从坟墓中挖出楚平王的尸体，加以鞭打，以报父仇。

【原文】

　　十年春，越闻吴王之在郢，国空，乃伐吴。吴使别兵击越。楚告急秦，秦遣兵救楚击吴，吴师败。阖闾弟夫概见秦越交败吴，吴王留楚不去，夫概亡归吴而自立为吴王。阖闾闻之，乃引兵归，攻夫概。夫概败奔楚。楚昭王乃得以九月复入郢，而封夫概于堂谿，为堂谿氏。

【译文】

　　十年春，越国听说吴王在郢都，国内空虚，就趁机攻伐吴国，吴国另外派遣军队去攻击越国。楚国向秦国告急求援，秦国派兵救楚，攻打吴国，吴国战败。阖闾的弟弟夫概看到秦、越两国连败吴国，吴王又停留在楚国不走，于是夫概就趁机逃回吴国，而自立为吴王，阖闾知道了，才领兵回来，攻打夫概。夫概被打败而逃奔到楚国。楚昭王因此才在九月又回到郢都，而封夫概于堂谿，为堂谿氏。

【原文】

　　十一年，吴王使太子夫差伐楚，取番。楚恐而去郢徙鄀。

　　十五年，孔子相鲁。

【译文】

　　十一年，吴派遣太子夫差攻伐楚国，攻取番邑。楚国恐惧，因而从郢迁都到鄀。

　　十五年，孔子代任鲁相。

【原文】

　　　　十九年夏，吴伐越，越王勾践迎击之檇李。越使死士挑战，三行造吴师，呼，自刭。吴师观之，越因伐吴，败之姑苏，伤吴王阖闾指，军却七里。吴王病伤而死。阖闾使立太子夫差，谓曰："尔而忘勾践杀汝父乎？"对曰："不敢！"三年，乃报越。

【译文】

　　十九年夏，吴国派兵攻伐越国，越王勾践在檇李迎击吴军。越国派遣敢死队挑战，敢死队员排列成三行，冲向吴军，高声叫喊而自杀身死。吴兵感到很怪异，只顾争相旁观，越国就趁此机会去攻伐吴兵，在姑苏将吴国打败，刺伤了吴国阖闾的脚趾，军队撤退七里，吴王终于伤重而死。阖闾临终，遗命立太子夫差为君，对他说："你会忘了勾践杀死你父亲的仇恨吗？"夫差回答道："绝不敢忘。"到了第三年，才报了越国的杀父之仇。

【原文】

　　　　王夫差元年，以大夫伯嚭为太宰。习战射，常以报越为志。

【译文】

　　吴王夫差元年，任命大夫伯嚭为太宰。训练军队作战射箭，常以报复越仇为目标。

【原文】

　　　　二年，吴王悉精兵以伐越，败之夫椒，报姑苏也。越王勾践乃以甲兵五千人栖于会稽，使大夫种因吴太宰嚭而行成，请委国为臣妾。吴王将许之，伍子胥谏曰："昔有过氏杀斟灌以伐斟寻，灭夏后帝相。帝相之妃后

缗方娠，逃于有仍而生少康。少康为有仍牧正。有过又
欲杀少康，少康奔有虞。有虞思夏德，于是妻之以二女
而邑之于纶，有田一成，有众一旅。后遂收夏众，抚其
官职。使人诱之，遂灭有过氏，复禹之绩，祀夏配天，
不失旧物。今吴不如有过之强，而勾践大于少康。今不
因此而灭之，又将宽之，不亦难乎！且勾践为人能辛
苦，今不灭，后必悔之。"吴王不听，听太宰嚭，卒许
越平，与盟而罢兵去。

【译文】

　　二年，吴王出动全部精兵去攻伐越国，在夫椒把越国打
败，报了姑苏战败之仇。越王勾践领着甲兵五千人退守于会
稽山上，派遣大夫文种通过吴太宰嚭向吴国求和，请允许交
出全越国男女做吴国的奴隶。吴王准备答应，伍子胥劝谏
道："以前有过氏杀死斟灌国君，并且攻伐斟寻，消灭了夏
后帝相，帝相的妃子后缗那时正怀孕，逃到有仍国，而生
下少康。少康担任有仍的牧正。有过氏又想杀死少康，少
康逃奔到有虞国，有虞氏追念夏德，于是把自己的两个
女儿嫁给少康为妻，而封他于纶，使他拥有十里见方的
田地，五百人的部众。后来就以此聚集夏朝的遗民，修
整夏朝的官职。派人去诱惑有过氏，终于消灭了有过

吴王夫差矛　春秋吴国兵
器，1983年出土于湖北省江陵
县楚墓。通长29.5厘米。铭
文：吴王夫差自作用铵。现
藏于湖北省博物馆。

氏，恢复夏禹的业绩，祭祀时以夏的祖先配享上天，重整夏朝的版图故地。现
今吴国并不如有过氏的强盛，而勾践的势力又比少康强大，现在不借这个机
会把越国消灭，还要去宽容赦免勾践，将来再想要消灭他，不就很难办吗！而
且勾践的为人，能够吃苦耐劳，如今不把他消灭，将来一定会后悔的。"吴王
不肯接纳，而听从太宰嚭的意见，终于答应越国求和，与越国订立盟约而撤兵
离去。

【原文】

　　七年，吴王夫差闻齐景公死而大臣争宠，新君弱，
乃兴师北伐齐。子胥谏曰："越王勾践食不重味，衣不
重采，吊死问疾，且欲有所用其众。此人不死，必为吴
患。今越在腹心疾而王不先，而务齐，不亦谬乎！"吴

王不听，遂北伐齐，败齐师于艾陵。至缯，召鲁哀公
而征百牢。季康子使子贡以周礼说太宰嚭，乃得止。因
留略地于齐、鲁之南。九年，为驺伐鲁，至，与鲁盟，
乃去。

【译文】

　　七年，吴王夫差听说齐景公去世，而大臣争权，新君的势力还弱小，就起
兵北伐齐国。伍子胥劝谏道："越王勾践饮食不讲求多味，衣着不讲求多彩，卧
薪尝胆，将要使民众有所用处。他如不死，必定会成为吴国的祸患。现在越国
就犹如我们的心腹之患，而君王不先除掉他，却反而致力于攻伐齐国，如此作
法不是很荒谬吗？"吴王不肯听从他的劝谏，而北伐齐国，在艾陵把齐国军队
打败。到达缯邑，召鲁哀公，向鲁国索要牛羊猪祭品一百套。季康子派子贡以
周礼劝说太宰嚭，这件事情才罢休。吴王因而留下来掠取齐、鲁两国的南面土
地。九年，为争驺国去攻伐鲁国，到了鲁国，与鲁国订下盟约才退兵而去。

【原文】

　　　　十年，因伐齐而归。
　　　　十一年，复北伐齐。

【译文】

　　十年，又借此机会攻伐齐国而回。
　　十一年，又派兵北伐齐国。

【原文】

　　　　越王勾践率其众以朝吴，厚献遗之，吴王喜。惟子
胥惧，曰："是弃吴也。"谏曰："越在腹心，今得志于
齐，犹石田，无所用。且《盘庚之诰》有颠越勿遗，商
之以兴。"吴王不听，使子胥于齐，子胥属其子于齐鲍
氏，还报吴王。吴王闻之，大怒，赐子胥属镂之剑以死。
将死，曰："树吾墓上以梓，令可为器。抉吾眼置之吴
东门，以观越之灭吴也。"

史记·世家

〇一七

【译文】

越王勾践率领他的部下朝见吴王，呈献给吴王丰厚的礼物，吴王非常高兴。只有伍子胥心中恐惧，说道："这种作为是表示越国将要背叛吴国了。"因此就劝谏吴王说："越国是我们的心腹之患，现在我们对齐国已经达到目的，可是两国的风土习俗不同，我们虽然得到土地，却犹如得到石田一般没有用处。而且《盘庚之诰》说：'坏东西要消灭无遗。'奉行这条原则，商朝因此兴盛。"吴王不肯听纳。派遣子胥出使齐国，子胥就把他的儿子托付给齐国大夫鲍息照顾，回来向吴王报告出使经过。吴王听说这件事，非常生气，赐给子胥属镂宝剑，要他自杀。伍子胥临死之前说："我死了之后，就在我的坟墓上种上梓树，使他长成之后，可以制造棺材。挖出我的眼睛，放在吴国国都的东门上面，将来可以看到越国灭亡吴国。"

【原文】

齐鲍氏弑齐悼公。吴王闻之，哭于军门外三日，乃从海上攻齐。齐人败吴，吴王乃引兵归。

【译文】

齐国的鲍氏杀死齐悼公，吴王听到这个消息，在军门外哭悼了三天，然后取海道攻打齐国。齐人打败吴军，吴王才领兵回国。

【原文】

十三年，吴召鲁、卫之君会于橐皋。

十四年春，吴王北会诸侯于黄池，欲霸中国以全周室。六月丙子，越王勾践伐吴。乙酉，越五千人与吴战。丙戌，虏吴太子友。丁亥，入吴。吴人告败于王夫差，夫差恶其闻也。或泄其语，吴王怒，斩七人于幕下。七月辛丑，吴王与晋定公争长。吴王曰："于周室我为长。"晋定公曰："于姬姓我为伯。"赵鞅怒，将伐吴，乃长晋定公。

【译文】

十三年，吴国征召鲁、卫两国国君，在橐皋会盟。

十四年春，吴王北上，与诸侯会于黄池，想要称霸中原，以保全周王室。

六月丙子日，越王勾践派兵攻伐吴国。乙酉日，越军五千人与吴军交战。丙戌日，俘虏了吴国的太子友。丁亥日，攻入吴国国都。吴人把战败的消息报告夫差，夫差讨厌这个消息让诸侯各国知道。可是却有人把这消息泄漏出去，吴王非常生气，把来向他报告消息的七个人通通杀死在军营帐幕下。七月辛丑日，吴王与晋定公争当诸侯的盟主，吴王说："就周王室而言，我为吴太伯的后代，我是老大。"晋定公说："就姬姓诸侯而言，我是侯伯，我是霸主。"彼此争论不决。晋国的赵鞅一怒之下，准备率兵攻伐吴国，便以晋定公为盟主。

【原文】

　　吴王已盟，与晋别，欲伐宋。太宰嚭曰："可胜而不能居也。"乃引兵归国。国亡太子，内空，王居外久，士皆罢敝，于是乃使厚币以与越平。

【译文】

　　吴王和诸侯结盟之后，与晋告别，想要攻伐宋国。太宰嚭说："虽然可以战胜宋国，但是不能居住在这里。"于是领兵回国。可是太子已被越人所俘虏，国内虚空，而吴王在外时间很长久，士兵都疲惫不堪，于是就派遣使者带了重金给越国，而与越国讲和。

【原文】

　　十五年，齐田常杀简公。

　　十八年，越益强。越王勾践率兵复伐败吴师于笠泽。楚灭陈。

　　二十年，越王勾践复伐吴。

　　二十一年，遂围吴。

　　二十三年十一月丁卯，越败吴。越王勾践欲迁吴王夫差于甬东，予百家居之。吴王曰："孤老矣，不能事君王也。吾悔不用子胥之言，自令陷此。"遂自刭死。越王灭吴，诛太宰嚭，以为不忠，而归。

【译文】

　　十五年，齐国田常杀死齐简公。

　　十八年，越国国势更为强大，越王勾践又率兵在笠泽把吴国军队打败。楚国灭了陈国。

二十年，越王勾践又攻伐吴国。

二十一年，就包围了吴国国都。

二十三年十一月丁卯日，越国打败吴国。越王勾践想把吴王夫差迁到甬东，给他百户民家的地区居住。吴王说："我老了，已经无法来侍奉君王了。我很后悔当初不听从伍子胥的劝说，使得自己落到今天这么凄惨的地步。"于是就自杀而死。越王灭亡了吴国，杀死太宰嚭，认为他不忠于吴王，然后班师回国。

册方罍　商代后期，通高28.5厘米，宽16.2厘米，重3.12千克。

【原文】

太史公曰：孔子言"太伯可谓至德矣，三以天下让，民无得而称焉"。余读《春秋》古文，乃知中国之虞与荆蛮勾吴兄弟也。延陵季子之仁心慕义无穷，见微而知清浊。呜呼，又何其闳览博物君子也！

【译文】

太史公说：孔子说："吴太伯可以说有最高的德行。三次把君位让给弟弟，百姓简直不知道怎么称赞他才好。"我读了《春秋》，才知道在中原的虞国和荆蛮的吴国原来是兄弟之邦。延陵季子的仁德之心，仰慕道义永无止境，能够观察隐微而测知时代的治乱。何况他又是一个那么见闻丰富、知识渊博的君子啊！

齐太公世家

【原文】

太公望吕尚者，东海上人。其先祖尝为四岳，佐禹平水土，甚有功。虞夏之际封于吕，或封于申，姓姜氏。夏商之时，申、吕或封枝庶子孙，或为庶人，尚其后苗裔也。本姓姜氏，从其封姓，故曰吕尚。

吕尚盖尝穷困，年老矣，以渔钓奸周西伯。西伯将出猎，卜之，曰"所获非龙非彲，非虎非罴；所获霸王之辅"。于是周西伯猎，果遇太公于渭之阳，与语大悦，曰："自吾先君太公曰：'当有圣人适周，周以兴。'子真是邪？吾太公望子久矣。"故号之曰"太公望"，载与俱归，立为师。

【译文】

太公望吕尚，是东海边上的人。他的祖先曾经担任掌管四方部落的官，辅佐夏禹治水，功劳很大。在虞夏时期被封在吕城，也有被封在申城的，姓姜。夏、商之时，申及吕城或封给旁支子孙，或者成为平民，吕尚是他们的后代。本来姓姜，后来以他的封邑作姓氏，所以名叫吕尚。

吕尚未发迹前，十分贫困，年老了，利用钓鱼机会求见周西伯。西伯在出门打猎之前卜了一卦，卦辞说："所得到的非龙非螭，非虎非熊，所得为系霸王的辅佐。"于是他出去打猎，果然在渭水北岸遇见太公，与他交谈，大为高兴，就说："自从我先君太公曾说过：'当有圣人到周国来，辅佐周国兴盛强大。'您就是这个人吗？我太公期望您好久啦！"所以称他作太公望，周西伯和他同车而归，任命他为统帅军队的长官。

姜子牙　姜姓，吕氏，名望，字子牙，号飞熊，也称吕尚。商朝末年人，其始祖四岳伯夷佐大禹治水有功而被封于吕地，因此得吕氏。中国古代杰出的韬略家、军事家与政治家。被尊为"百家宗师"。

【原文】

或曰，太公博闻，尝事纣；纣无道，去之。游说诸侯，无所遇，而卒西归周西伯。或曰，吕尚处士，隐海滨。周西伯拘羑里，散宜生、闳夭素知而招吕尚。吕尚亦曰："吾闻西伯贤，又善养老，盍往焉。"三人者为西伯求美女奇物，献之于纣，以赎西伯。西伯得以出，反国。言吕尚所以事周虽异，然要之为文、武师。

周西伯昌之脱羑里归，与吕尚阴谋修德以倾商政，其事多兵权与奇计，故后世之言兵及周之阴权皆宗太公为本谋。周西伯政平，及断虞芮之讼，而诗人称西伯受命曰文王。伐崇、密须、犬夷，大作丰邑。天下三分，其二归周者，太公之谋计居多。

周文王　姬姓，名昌。商纣时为西伯，亦称西伯昌。相传西伯在位50年，死后周人谥西伯为文王。

　　有人说：太公见闻广博，侍奉过纣王。因为纣暴虐无道，弃职而去。游说列国诸侯间，没能受到重用，最后往西归顺周西伯。又有人说：吕尚是隐士，隐居在海滨。周西伯被纣王拘囚在羑里，散宜生、闳夭一向知道吕尚的才能，因此将他请来。吕尚也说："我听说西伯贤明，又能很好地赡养老人，何不去他那儿？"三人向纣王进献美女和珍宝来替西伯赎罪，西伯因此被释放，返回周国。虽然吕尚投向周的经过说法各不相同，但都说他是周文王、武王的军队统帅。

　　周西伯姬昌从羑里回来后，和吕尚暗中计划施行德政来推翻商的政权，其中有许多是用兵的权谋和奇妙的计策，所以后世谈论用兵及周王朝的阴谋权术，都推崇太公的计谋。周西伯政治清平，以致能够解决虞人与芮人的争讼，而诗人称道西伯受天命号为文王。讨伐崇国、密须与犬夷，大规模建设丰邑；天下三分之二归附了周，大都是太公所图谋策划的。

【原文】

　　　　文王崩，武王即位。九年，欲修文王业，东伐，以观诸侯集否。师行，师尚父左杖黄钺，右把白旄以誓，曰："苍兕苍兕，总尔众庶，与尔舟楫，后至者斩！"遂至盟津。诸侯不期而会者八百诸侯。诸侯皆曰："纣可伐也。"武王曰："未可。"还师，与太公作此《太誓》。

　　　　居二年，纣杀王子比干，囚箕子。武王将伐纣，卜龟兆，不吉，风雨暴至。群公尽惧，惟太公强之，劝武王，武王于是遂行。十一年正月甲子，誓于牧野，伐商纣。纣师败绩。纣反走，登鹿台，遂追斩纣。明日，武王立于社，群公奉明水，卫康叔封布采席，师尚父牵牲，史佚策祝，以告神讨纣之罪。散鹿台之钱，发钜桥之粟，以振贫民。封比干墓，释箕子囚。迁九鼎，修周政，与天下更始。师尚父谋居多。

【译文】

　　文王去世，武王即位。九年后，打算继承文王的事业，东伐商纣，想知道诸侯是否听从号令。部队出发，国师尚父左手持黄金为饰的大斧，右手握白牦牛尾为饰的军旗誓师道："苍兕呀苍兕！统领你们的部众，交给你们船只，迟到者斩。"于是到了盟津，诸侯事先没有约定而到会的就有八百，诸侯都说："可以伐纣了。"武王说："还没到时候。"于是撤军回朝，与太师写了这篇《太誓》。

过了两年，纣杀了王子比干，囚禁箕子。武王将要伐纣，卜卦时龟甲兆辞不吉利，突然狂风暴雨大起。公卿们都恐惧，只有太公坚持劝勉武王伐纣，武王于是出兵。武王十一年正月甲子日，在牧野誓师，讨伐商纣。纣军大败。商纣王掉头逃跑，登上鹿台，被追兵斩杀。第二天，武王站在土地神坛前，公卿捧着净水，卫康叔陈铺彩席，师尚父牵着致祭的牲畜，史佚向神诵读祷告文，报告天神讨伐商纣之罪。分发鹿台的钱财，发放钜桥的粮食以救济贫民百姓。修整比干的坟墓，释放囚禁的箕子，迁移象征天子权位的九鼎，修明周的政务，与天下共开新纪元。以上开国的种种事迹，师尚父的谋略居多。

比干　子姓，商纣王之叔，沫邑人（今卫辉市北）。商朝末年，因不满纣王无道，被剖心残杀。

【原文】

于是武王已平商而王天下，封师尚父于齐营丘。东就国，道宿行迟。逆旅之人曰："吾闻时难得而易失。客寝甚安，殆非就国者也。"太公闻之，夜衣而行，黎明至国。莱侯来伐，与之争营丘。营丘边莱。莱人，夷也，会纣之乱而周初定，未能集远方，是以与太公争国。

太公至国，修政，因其俗，简其礼，通商工之业，便鱼盐之利，而人民多归齐，齐为大国。及周成王少时，管、蔡作乱，淮夷畔周，乃使召康公命太公曰："东至海，西至河，南至穆陵，北至无棣，五侯九伯，实得征之。"齐由此得征伐，为大国。都营丘。

【译文】

这时武王已灭了商纣，夺得天下，封师尚父于齐国营丘。师尚父就东行去自己的封国。途中宿于客舍，走得很慢。客舍中人说："我听说时间难得而易失，客人睡得很踏实，大概不是赴国上任的人吧。"师尚父听后，连夜穿好衣服赶路，天将亮时，已到了封国。正好遇到莱侯来攻打，与太公争营丘。营丘邻边是莱国。莱人是夷族，正逢纣王的乱政而周初定天下，还没来得及安定这些远方的异族，所以来和太公争国。

太公来到了齐国，修治政务，依照当地风俗，简化礼仪，沟通农商工各行业，发展鱼盐的生产，人民多来归附齐，使齐迅速强大起来。周成王即位，因年幼，管叔、蔡叔作乱，淮夷叛周，于是派召康公命令太公道："东到大海，西到黄河，南到穆陵，北到无棣，在此范围之内的五等诸侯，九州长官，若有罪，你都可以征讨他们。"齐从此代替天子征伐反叛的诸侯，成为大国。建都在营丘。

【原文】

盖太公之卒百有余年，子丁公吕伋立。丁公卒，子乙公得立。乙公卒，子癸公慈母立。癸公卒，子哀公不辰立。

哀公时，纪侯谮之周，周烹哀公而立其弟静，是为胡公。胡公徙都薄姑，而当周夷王之时。哀公之同母少弟山怨胡公，乃与其党率营丘人袭攻杀胡公而自立，是为献公。献公元年，尽逐胡公子，因徙薄姑都，治临菑。

九年，献公卒，子武公寿立。武公九年，周厉王出奔，居彘。十年，王室乱，大臣行政，号曰"共和"。二十四年，周宣王初立。

【译文】

太公大约一百多岁去世，他儿子丁公吕伋继位。丁公去世后，儿子乙公得继位。乙公去世，儿子癸公慈母继位。癸公去世，儿子哀公不辰继位。

哀公时，纪侯在周天子前毁谤他，周天子以烹刑处死哀公而立他的弟弟静为侯，这就是胡公。当周夷王即位时，胡公迁都到薄姑。哀公同母幼弟姜山与胡公不和，就与他的私党率领营丘人偷袭攻杀胡公而自立，这就是献公。献公元年，把胡公的儿子都迁到别处，都城又从薄姑迁回临菑。

献公在位九年去世，儿子武公寿继位。武公九年，周厉王出逃，住在彘。十年，王室大乱，大臣共同行使政权，号为"共和"。二十四年，周宣王登位。

【原文】

二十六年，武公卒，子厉公无忌立。厉公暴虐，故胡公子复入齐，齐人欲立之，乃与攻杀厉公。胡公子亦战死。齐人乃立厉公子赤为君，是为文公。而诛杀厉公者七十人。

文公十二年卒，子成公脱立。成公九年卒，子庄公购立。

庄公二十四年，犬戎杀幽王，周东徙雒。秦始列为诸侯。五十六年，晋弑其君昭侯。

六十四年，庄公卒，子釐公禄甫立。

釐公九年，鲁隐公初立。十九年，鲁桓公弑其兄隐公而自立为君。

二十五年，北戎伐齐。郑使太子忽来救齐，齐欲妻之。忽曰："郑小齐大，非我敌。"遂辞之。

【译文】

二十六年，武公去世，儿子厉公无忌继位。厉公暴虐，已死胡公的儿子又进入齐国，齐国人想拥立他为王而杀死了厉公。胡公的儿子也战死了，齐人便立厉公的儿子赤为国君，这就是文公。文公即位后把参与杀害厉公的七十人全部处死。

文公在位十二年去世，儿子成公脱继位。成公在位九年去世，子庄公购继位。

庄公二十四年，犬戎杀了周幽王，周朝迁都到东边的雒邑。秦国开始列为诸侯。五十六年，晋国国人杀害他们的国君昭侯。

六十四年，庄公去世，子釐公禄甫继位。

釐公九年，鲁隐公初即位。十九年，鲁桓公杀哥哥隐公而自立为国君。

二十五年，北戎侵犯齐国，郑国派太子忽来救齐，齐国想将公主嫁给太子忽，太子忽说："郑国小，齐国大，不是我能匹配的。"因此谢绝了婚事。

【原文】

三十二年，釐公同母弟夷仲年死。其子曰公孙无知，釐公爱之，令其秩服奉养比太子。

三十三年，釐公卒，太子诸儿立，是为襄公。

襄公元年。始为太子时，尝与无知斗，及立，绌无知秩服，无知怨。

四年，鲁桓公与夫人如齐。齐襄公故尝私通鲁夫人。鲁夫人者，襄公女弟也，自釐公时嫁为鲁桓公妇，及桓公来而襄公复通焉。鲁桓公知之，怒夫人，夫人以告齐襄公。齐襄公与鲁君饮，醉之，使力士彭生抱上鲁君车，因拉杀鲁桓公，桓公下车则死矣。鲁人以为让，而齐襄公杀彭生以谢鲁。

【译文】

三十二年，釐公的同母弟弟夷仲年死了，他的儿子公孙无知十分受釐公喜爱，让他的俸禄以及衣食住行都和太子一样。

三十三年，釐公去世，太子诸儿继位，这就是襄公。

襄公元年，他原先做太子的时候，曾经跟无知争斗，待即位后，于襄公元年减少了无知尊贵的俸禄及服制。无知心怀不满。

四年，鲁桓公偕同夫人到齐国。齐襄公以前曾经与鲁夫人私通——鲁夫人是襄公的妹妹，在釐公时嫁给鲁桓公做了鲁桓公夫人。此次桓公来访，襄公又和妹妹有暧昧的关系。鲁桓公知道了，就怒责夫人，夫人把这事告诉襄公。襄公和鲁桓公饮酒时，将鲁桓公灌醉了，让力士彭生抱鲁桓公上车，借机打断了鲁桓公的肋骨。待下车时，桓公就死了。鲁国人因此责备齐国，齐襄公杀彭生向鲁国谢罪。

【原文】

八年，伐纪，纪迁去其邑。

十二年，初，襄公使连称、管至父戍葵丘，瓜时而往，及瓜而代。往戍一岁，卒瓜时而公弗为发代。或为请代，公弗许。故此二人怒，因公孙无知谋作乱，连称有从妹在公宫，无宠，使之间襄公，曰："事成以女为无知夫人。"冬十二月，襄公游姑棼，遂猎沛丘。见彘，从者曰"彭生"。公怒，射之，彘人立而啼。公惧，坠车伤足，失屦。反而鞭主屦者茀三百。茀出宫。而无知、连称、管至父等闻公伤，乃遂率其众袭宫。逢主屦茀，茀曰："且无入惊宫，惊宫未易入也。"无知弗信，

茀示之创，乃信之。待宫外，令茀先入。茀先入，即匿
襄公户间。良久，无知等恐，遂入宫。茀反与宫中及公
之幸臣攻无知等，不胜，皆死。无知入宫，求公不得。
或见人足于户间，发视，乃襄公，遂弒之，而无知自立
为齐君。

【译文】

　　八年，伐纪，纪国因此迁都避难。

　　十二年，原来襄公派连称、管至父驻守葵丘，约定瓜熟时节前往，等到来
年瓜熟时派人去接替。二人在葵丘驻守了一年，到第二年收瓜完毕，国君却不
派人来接替。也有人替他们请求希望尽快派员接替，但是襄公也不许，所以二
人愤怒了，利用公孙无知商议作乱。连称有个堂妹在宫廷中做姬妾，不得宠爱，
让她找行刺襄公的时机，应许她说："事成后，以你作无知的夫人。"冬十二月，
襄公到姑棼游玩，因而就近到沛丘去打猎，遇见一只野猪，随从都说："彭生
来了。"襄公很生气，搭箭就射。忽然野猪像人一样站起来吼叫，襄公吓了一
跳，从车上摔了下来，把脚跌伤了，鞋也弄丢了。回到行宫，把管理鞋子的侍
者茀打了三百鞭。茀愤愤出宫了，而无知、连称、管至父等人听闻襄公受伤，就
率领众党徒袭击行宫，正好遇到茀。茀说："且先不要进去惊动了宫中，否则反
而不容易进去。"无知不相信，茀将刚挨打的伤给他们看，才相信他的话。无知
等在宫外，让茀先入宫探路，茀入宫后，把襄公藏大门后面，等了很久不见动
静，无知等人害怕有变，就直接入宫。茀转身和宫中卫士及襄公的亲信大臣抵
抗无知等人，但寡不敌众，都被杀死了。无知入宫，到处找不着襄公，有人看到
门后有人脚露出，打开来一看，原来是襄公，就把他杀了。而无知就自立为齐国
国君。

【原文】

　　桓公元年春，齐君无知游于雍林。雍林人尝有怨无
知，及其往游，雍林人袭杀无知，告齐大夫曰："无知
弒襄公自立，臣谨行诛。惟大夫更立公子之当立者，惟
命是听。"

　　初，襄公之醉杀鲁桓公，通其夫人，杀诛数不当，
淫于妇人，数欺大臣，群弟恐祸及，故次弟纠奔鲁。其
母鲁女也，管仲、召忽傅之。次弟小白奔莒，鲍叔傅之。

小白母，卫女也，有宠于釐公。小白自少好善大夫高傒。及雍林人杀无知，议立君，高、国先阴召小白于莒。鲁闻无知死，亦发兵送公子纠，而使管仲别将兵遮莒道，射中小白带钩。小白详死，管仲使人驰报鲁。鲁送纠者行益迟，六日至齐，则小白已入，高傒立之，是为桓公。

【译文】

　　齐桓公元年春天，齐君无知出游雍林。雍林人与无知有宿怨，等到他来游玩，雍林人袭杀无知，告诉齐大夫说："无知杀害襄公自立，我们将他处死了。希望大夫重新改立其他应继位的公子，我们一定听从命令。"

　　起初，襄公灌醉酒杀害了鲁桓公，并且和鲁夫人通奸，诛杀臣民就激起了民愤，喜好女色，又经常欺侮大臣，他的几个弟弟唯恐将来会被牵累，所以二弟纠逃到鲁国。他的母亲是鲁国公主。管仲、召忽辅佐他。三弟小白逃到莒城，鲍叔牙是他的老师。小白的母亲是卫国公主，受到釐公宠幸。小白从小就好亲近友善贤臣高傒。等到雍林人杀无知后，大夫们商议拥立新君，高傒及国氏二臣先暗中召回在莒城的小白。鲁君听说无知死了，也派兵护送公子纠回国。而让管仲另率领一支部队去堵截从莒至齐都城的道路，以阻止公子小白的军队回国，二军相遇，管仲拔箭射中了小白的腰带钩子。小白假装伤重要死了，管仲一见大喜，派人飞快将好消息传回鲁国。鲁国护送的部队也就不急着赶路，走了六天才到齐国，可是小白已经先到，被高傒立为国君，这就是桓公。

【原文】

　　桓公之中钩，详死以误管仲，已而载温车中驰行，亦有高、国内应，故得先入立，发兵距鲁。秋，与鲁战于乾时，鲁兵败走，齐兵掩绝鲁归道。齐遗鲁书曰："子纠兄弟，弗忍诛，请鲁自杀之。召忽、管仲雠也，请得而甘心醢之。不然，将围鲁。"鲁人患之，遂杀子纠于笙渎。召忽自杀，管仲请囚。桓公之立，发兵攻鲁，心欲杀管仲。鲍叔牙曰："臣幸得从君，君竟以立。君之尊，臣无以增君。君将治齐，即高傒与叔牙足也。君且欲霸王，非管夷吾不可。夷吾所居国国重，不可失也。"

于是桓公从之。乃详为召管仲欲甘心，实欲用之。管仲知之，故请往。鲍叔牙迎受管仲，及堂阜而脱桎梏，斋被而见桓公。桓公厚礼以为大夫，任政。

【译文】

桓公被射中皮带钩子，以装死来欺骗管仲后，就乘坐在有帐幕的车子急速前行，加上高傒、国氏二臣作内应，所以能先回国当上国君。然后派兵攻打鲁国护送公子纠的部队。秋天，与鲁国军队在乾时交仗，鲁国军队败逃，齐兵又切断了鲁国军队的归路。齐送信给鲁说："公子纠是我的兄弟，不忍杀他，请鲁国把他杀了吧！召忽、管仲是我的仇人，请遣送回来，让我们剁成肉酱来解恨吧。不遵命的话，就要围攻鲁国。"鲁人恐惧，就在笙渎把公子纠杀了，召忽自杀，管仲甘愿做了阶下囚。桓公即位，派兵攻鲁时，心中本想杀管仲以泄恨。鲍叔牙说："臣很荣幸能伴随您这么长时间，而今您终于继位。以国君之尊，臣无法再增加您的荣耀。您如果要治理齐国，只要高傒和我叔牙就足够了；您如果想称霸诸侯，非要管仲辅佐不可。管夷吾在哪个国家，哪个国家就一定强盛，此人不可失。"于是桓公听从了他的意见，假称逮回管仲才甘心，其实是要重用他。管仲也知道这件事，所以自请遣送回国。鲍叔牙迎接管仲，到堂阜帮他除去镣铐，斋戒祭祀后拜见桓公。桓公以很隆重的礼节仪式任命他为大夫，治理国家。

管仲 名夷吾，字仲，春秋时期齐国著名的政治家，颍上(今安徽颍上)人。经鲍叔牙力荐，为齐国上卿(即丞相)，被称为"春秋第一相"，辅佐齐桓公成为春秋时期的第一霸主。

【原文】

桓公既得管仲，与鲍叔、隰朋、高傒修齐国政，连五家之兵，设轻重鱼盐之利，以赡贫穷，禄贤能，齐人皆说。

二年，伐灭郯，郯子奔莒。初，桓公亡时，过郯，郯无礼，故伐之。

五年，伐鲁，鲁将师败。鲁庄公请献遂邑以平，桓公许，与鲁公柯而盟。鲁将盟，曹沫以匕首劫桓公于坛上，曰："反鲁之侵地。"桓公许之。已而曹沫去匕首，北面就臣位。桓公后悔，欲无与鲁地而杀曹沫。管仲曰："夫劫许之而倍信杀之，愈一小快耳，而弃信于诸侯，失

史记·世家

〇二九

天下之援，不可。"于是遂与曹沫三败所亡地于鲁。诸侯闻之，皆信齐而欲附焉。七年，诸侯会桓公于甄，而桓公于是始霸焉。

【译文】

　　桓公任用管仲后，和鲍叔牙、隰朋、高傒等人修治齐国的政务，实施五家相连、层层节制的军事组织，采取铸造货币、设立捕鱼煮盐等有利百姓的策略，救济贫穷，奖励贤人，齐人都很高兴。

三羊尊　商代后期，通高52厘米，宽61厘米，重51.3千克。三羊尊是目前我国发现同类器物中最大的。

　　二年，消灭了郯国，郯国国君逃到莒城。起先，桓公流亡时经过郯国，郯国不礼遇他，所以引起亡国灾祸。

　　五年，讨伐鲁国。鲁国眼看就要打败了。鲁庄公请求割遂邑以求和，桓公答应了，随与鲁国在柯地订盟约。鲁君将要订约时，曹沫拿匕首在祭坛上劫持桓公，要求桓公归还侵占的鲁国土地。桓公应允后，曹沫丢掉匕首，面朝北站在臣子的位上。桓公后悔了，想不归回鲁地并杀死曹沫。管仲说："在被劫持时所许诺的事，现在又背信将他杀了，只不过逞一时之快而已，而在诸侯之间却丧失了信用。失掉了天下的支持，是不可以的。"于是将曹沫三次战败丧失的土地还给了鲁国。诸侯听到了这件事，都觉得齐国守信誉，想来归附。七年，诸侯与桓公在甄会盟，桓公由此开始称霸。

【原文】

　　十四年，陈厉公子完，号敬仲，来奔齐。齐桓公欲以为卿，让；于是以为工正。田成子常之祖也。

　　二十三年，山戎伐燕，燕告急于齐。齐桓公救燕，遂伐山戎，至于孤竹而还。燕庄公遂送桓公入齐境。桓公曰："非天子，诸侯相送不出境，吾不可以无礼于燕。"于是分沟割燕君所至与燕，命燕君复修召公之政，纳贡于周，如成康之时。诸侯闻之，皆从齐。

　　二十七年。鲁湣公母曰哀姜，桓公女弟也。哀姜淫于鲁公子庆父，庆父弑湣公，哀姜欲立庆父，鲁人更立釐公。桓公召哀姜，杀之。

　　二十八年，卫文公有狄乱，告急于齐。齐率诸侯城楚丘而立卫君。

史记·世家

【译文】

十四年，陈厉公的儿子陈完，别号敬仲，逃奔到齐国。齐桓公想任命他为卿，他拒绝了；于是让他担任主管百工的工正。陈完就是后来掌管齐国政权的田成子常的祖先。

二十三年，山戎征讨燕，燕国向齐国告急。齐桓公救燕去讨伐山戎，到孤竹才回师。燕庄公送齐桓公回到齐国边境，桓公说："除了天子以外，诸侯相送不出国境，我不可以对燕无礼。"于是挖沟为界把燕君所到的地方割让给燕国，让燕国重新修治祖先召公的德政，并且像成王、康王当年往例，向周王室进贡。诸侯听到这件事，都归顺齐国。

二十七年，鲁湣公的母亲哀姜——是齐桓公的妹妹，哀姜和鲁公子庆父私通，庆父杀了湣公，哀姜想立庆父为国君，鲁国人不同意，另行拥立釐公。桓公把哀姜召回国给杀了。

二十八年，卫国受到狄人侵扰，向齐国告急。齐率领诸侯营造楚丘城来安置卫君。

【原文】

二十九年，桓公与夫人蔡姬戏船中。蔡姬习水，荡公，公惧，止之，不止，出船，怒，归蔡姬，弗绝。蔡亦怒，嫁其女。桓公闻而怒，兴师往伐。

三十年春，齐桓公率诸侯伐蔡，蔡溃。遂伐楚。楚成王兴师问曰："何故涉吾地？"管仲对曰："昔召康公命我先君太公曰：'五侯九伯，若实征之，以夹辅周室。'赐我先君履，东至海，西至河，南至穆陵，北至无棣。楚贡包茅不入，王祭不具，是以来责。昭王南征不复，是以来问。"楚王曰："贡之不入，有之，寡人罪也，敢不共乎！昭王之出不复，君其问之水滨。"齐师进次于陉。夏，楚王使屈完将兵扦齐，齐师退次召陵。桓公矜屈完以其众。屈完曰："君以道则可；若不，则楚方城以为城，江、汉以为沟，君安能进乎？"乃与屈完盟而去。过陈，陈袁涛涂诈齐，令出东方，觉。秋，齐伐陈。是岁，晋杀太子申生。

【译文】

二十九年，桓公和蔡国娶来的蔡姬在船上游乐。蔡姬会游泳，在船上故意摇荡，桓公很害怕，多次制止她也不听，桓公下船后很生气，把蔡姬送回娘家思过，但是并没有把她休掉。蔡君也恼火，就把蔡姬改嫁了。桓公听说后更加愤怒，率领军队讨伐蔡国。

友尊　商代后期。通高13.2厘米，口径20.7厘米，重2.62千克。出土于河南安阳。

三十年春天，齐桓公率领诸侯部队伐蔡，蔡国军队溃散。于是伐楚，楚成王率军抵抗，问道："为什么来攻打楚国？"管仲回答说："从前召康公传天子之命给我国先祖太公：'五等诸侯、九州方伯，你都可以征伐他们，来辅佐周王室。'赐给我先君权力所及的地方：东到海滨，西到黄河，南到穆陵，北到无棣。楚国应该进贡天子滤酒用的包茅没有献上，使天子不完备祭祀的祭品，所以我们来讨取。昭王南巡而没有回去，所以我们来查究。"楚王说："贡品没有呈献的事是有的，这是我的不对，哪敢不供给呢？昭王出巡而未能回国，请你去质问汉水岸边的国家吧！"齐军进驻陉。夏天，楚王派屈完率军抵抗齐，齐军退驻到召陵。桓公派出众多的部队向屈完夸耀示威。屈完说："您进道义就可称雄天下。否则，楚国以方城为围墙，长江、汉水作护城河，您如何能跨越一步呢？"桓公便和屈完订盟而退军。归途经过陈国，陈大夫袁涛涂欺骗齐国，使齐军绕道从东方走而不过陈，被察觉了。秋天，齐国讨伐陈国。就在这一年，晋献公逼死了太子申生。

【原文】

三十五年夏，会诸侯于葵丘。周襄王使宰孔赐桓公文武胙、彤弓矢、大路，命无拜。桓公欲许之，管仲曰："不可。"乃下拜受赐。秋，复会诸侯于葵丘，益有骄色。周使宰孔会。诸侯颇有叛者。晋侯病，后，遇宰孔。宰孔曰："齐侯骄矣，弟无行。"从之。是岁，晋献公卒，里克杀奚齐、卓子，秦穆公以夫人入公子夷吾为晋君。桓公于是讨晋乱，至高粱，使隰朋立晋君，还。

【译文】

三十五年夏天，齐桓公在葵丘集合诸侯会盟。周襄王派宰孔赐给桓公祭祀文王、武王的祭肉，朱红色的弓箭，大车，让桓公受赏赐时不必跪拜。桓公想照办，管仲说："不可以。"于是桓公就跪拜接受赐品。秋天，又与诸侯到葵丘会盟，齐桓公骄傲的神色更加严重，周派宰孔赴会。这时诸侯中已有人反叛。晋侯因病而迟到，半路遇到宰孔。宰孔说："桓公太骄傲了，不要去赴会了。"晋侯就听从他回国了。这一年，晋献公去世，大夫里克杀死了奚齐及卓子。秦穆公因为夫人的关系送夷吾回国做国君。桓公这时讨伐晋国，到达高梁，让隰朋为晋国立了晋君，才回国。

【原文】

是时周室微，惟齐、楚、秦、晋为强。晋初与会，献公死，国内乱。秦穆公辟远，不与中国会盟。楚成王初收荆蛮有之，夷狄自置。惟独齐为中国会盟，而桓公能宣其德，故诸侯宾会。于是桓公称曰："寡人南伐至召陵，望熊山；北伐山戎、离枝、孤竹；西伐大夏，涉流沙；束马悬车登太行，至卑耳山而还。诸侯莫违寡人。寡人兵车之会三，乘车之会六，九合诸侯，一匡天下。昔三代受命，有何以异于此乎？吾欲封泰山，禅梁父。"管仲固谏，不听；乃说桓公以远方珍怪物至乃得封，桓公乃止。

【译文】

当时周王室衰微，只有齐国、楚国、秦国、晋国强大。晋国刚参加会盟，献公就去世了，国内因而发生内乱。秦穆公身处偏僻边远地区，没参加中原的盟会。楚成王刚刚收服荆蛮而占领该地，以夷狄的习俗治国。只有齐国汇集中原的诸侯会盟，而桓公能宣扬他的德威，所以诸侯都来参加会盟。当时桓公声称："我往南征伐到召陵，望见熊耳山；往北讨伐山戎、离枝、孤竹；往西讨伐大夏，远涉流沙；将马脚裹住，用钩子挂牢车辆登上了太行山，直到卑耳山才回来。诸侯都归附我，我先后召集军事盟会三次，和平会盟六次，九次会合诸侯，以此安定周王室。从前三代圣王受天之命治天下的功德，也不过如此吧？我想到泰山祭天，到梁父山祭地，来表现我的德威。"管仲坚持劝阻，不听。于是劝说桓公要等远方珍奇怪异的宝物到了才能进行祭天地，桓公才作罢。

【原文】

　　三十八年，周襄王弟带与戎、翟合谋伐周，齐使管仲平戎于周。周欲以上卿礼管仲，管仲顿首曰："臣陪臣，安敢！"三让，乃受下卿礼以见。三十九年，周襄王弟带来奔齐。齐使仲孙请王，为带谢。襄王怒，弗听。

　　四十一年，秦穆公虏晋惠公，复归之。是岁，管仲、隰朋皆卒。管仲病，桓公问曰："群臣谁可相者？"管仲曰："知臣莫如君。"公曰："易牙如何？"对曰："杀子以适君，非人情，不可。"公曰："开方如何？"对曰："倍亲以适君，非人情，难近。"公曰："竖刁如何？"对曰："自宫以适君，非人情，难亲。"管仲死，而桓公不用管仲言，卒近用三子，三子专权。

【译文】

　　三十八年，周襄王的弟弟带和戎族、翟族合谋攻打周，齐国派管仲替周王室平定戎乱。周天子想用上卿的礼仪接待管仲，管仲叩头辞谢："臣仅是诸侯的大夫，怎么敢当呢？"再三推让，才勉强用下卿的礼仪朝见天子。三十九年，周襄王的弟弟带逃奔到齐国。齐国派仲孙去周天子那里替带求请，希望能赦免带的罪，可是襄王发怒，不肯听从。

　　四十一年，秦穆公俘虏晋惠公，又把他放了。这一年，管仲、隰朋都去世了。管仲病时，桓公问他："群臣中有谁可继任相位呢？"管仲说："没有比国君再了解大臣的为人了。"桓公说："易牙这人怎么样？"管仲回答说："易牙杀掉自己儿子来讨好国君，是不近人情的，不能任用。"齐桓公问道："开方怎么样？"管仲回答："开方抛弃亲人来取悦国君，不合人情，难以接近。"桓公又问："竖刁如何呢？"管仲回答："竖刁阉割了自己来讨好国君，不近人情，难以亲信。"管仲死后，桓公不听管仲的遗嘱，终于亲信易牙、开方、竖刁三人，以致三人专权。

【原文】

　　四十二年，戎伐周，周告急齐，齐令诸侯各发卒戍周。是岁，晋公子重耳来，桓公妻之。

四十三年。初，齐桓公之夫人三，曰王姬、徐姬、蔡姬，皆无子。桓公好内，多内宠，如夫人者六人，长卫姬，生无诡；少卫姬，生惠公元；郑姬，生孝公昭；葛嬴，生昭公潘；密姬，生懿公商人；宋华子，生公子雍。桓公与管仲属孝公于宋襄公，以为太子。雍巫有宠于卫共姬，因宦者竖刁以厚献于桓公，亦有宠，桓公许之立无诡。管仲卒，五公子皆求立。冬十月乙亥，齐桓公卒。易牙入，与竖刁因内宠杀群吏，而立公子无诡为君。太子昭奔宋。

【译文】

四十二年，戎人攻打周王室，周向齐国告急，齐命令诸侯各自派兵驻守王室。这一年，晋公子重耳流亡到齐国，桓公把女儿嫁给重耳。

四十三年，起初，齐桓公有三位夫人：是王姬、徐姬、蔡姬，都没有儿子。桓公好女色，有许多宠爱的姬妾，位同夫人的有六位：长卫姬，生无诡；少卫姬，生惠公元；郑姬，生孝公昭；葛嬴，生昭公潘；密姬，生懿公商人；宋华子，生公子雍。桓公和管仲将孝公托付给宋襄公立为太子。雍巫受到卫共姬的宠爱，又通过宦官竖刁进献厚礼给桓公，也受到桓公的宠幸。桓公答应他们立无诡为太子。管仲去世后，五位公子都要求继位。冬季十月乙亥日，齐桓公去世。易牙入宫和竖刁依靠宫中有权势的近臣，杀掉许多官吏，而立公子无诡为国君。太子昭逃到宋国。

【原文】

桓公病，五公子各树党争立。及桓公卒，遂相攻，以故宫中空，莫敢棺。桓公尸在床上六十七日，尸虫出于户。十二月乙亥，无诡立，乃棺赴。辛巳夜，敛殡。

桓公十有余子，要其后立者五人：无诡立三月死，无谥；次孝公；次昭公；次懿公；次惠公。孝公元年三月，宋襄公率诸侯兵送齐太子昭而伐齐。齐人恐，杀其君无诡。齐人将立太子昭，四公子之徒攻太子，太子走宋，宋遂与齐人四公子战。五月，宋败齐四公子师而立太子昭，是为齐孝公。宋以桓公与管仲属之太子，故来征之。以乱故，八月乃葬齐桓公。

六年春，齐伐宋，以其不同盟于齐也。夏，宋襄公卒。七年，晋文公立。

亚醜方尊　商代后期。通高45.5厘米，宽38厘米，重21.5千克。

【译文】

齐桓公病时，五公子各自成一派争夺君位。等到桓公去世，就互相攻打，以致宫中空虚，没有人敢替桓公收殓尸身入棺。桓公尸首在床上停有六十七天之久，尸体上的蛆虫都爬到门外去了。十二月乙亥日，无诡即位，才收殓桓公，发出讣告。辛巳日夜间，才举行装殓停枢的礼仪。

桓公有十多个儿子，后来继位为君的有五个，无诡即位三个月就被国人杀死，没有谥号，接着继位的是孝公；接着是昭公；再接着是懿公；再接着是惠公。孝公元年三月，宋襄公率领诸侯部队护送齐太子昭回国而攻打齐军。齐人恐惧，杀了他们的国君无诡。齐国人准备拥立太子昭，四个公子的党徒攻打太子，太子逃到宋国，宋军于是派军队跟齐国四个公子的军队作战。五月，宋打败了齐四公子的部队而立太子昭为国君，这就是齐孝公。宋国因为桓公和管仲将太子托付给他，因此看到齐国内乱争立，才来平叛。由于政治混乱，八月才安葬齐桓公。

六年春天，齐国讨伐宋国，是由于宋国没有参加在齐国举行的盟会。夏天，宋襄公去世。七年，晋文公即位。

【原文】

十年，孝公卒，孝公弟潘因卫公子开方杀孝公子而立潘，是为昭公。昭公，桓公子也，其母曰葛赢。

昭公元年，晋文公败楚于城濮，而会诸侯践土，朝周，天子使晋称伯。六年，翟侵齐。晋文公卒。秦兵败于殽。十二年，秦穆公卒。

十九年五月，昭公卒，子舍立为齐君。舍之母无宠于昭公，国人莫畏。昭公之弟商人以桓公死争立而不得，阴交贤士，附爱百姓，百姓说。及昭公卒，子舍立，孤弱，即与众十月即墓上弑齐君舍，而商人自立，是为懿公。懿公，桓公子也，其母曰密姬。

【译文】

　　十年，齐孝公去世。孝公的弟弟潘依靠卫公子开方的帮助杀了孝公的儿子而自立为国君，这就是昭公。昭公也是桓公的儿子，他的母亲叫葛嬴。

　　昭公元年，晋文公在城濮打败了楚国，在践土约合诸侯会盟，然后一同朝见周天子，天子任命晋文公为霸主。

　　六年，翟人入侵齐。晋文公去世。秦兵在崤山被晋国打败。十二年，秦穆公去世。

　　十九年五月，昭公去世，儿子舍即位为君。舍的母亲不受昭公宠幸，所以齐国人都不服他。昭公的弟弟商人因为在桓公死后争当国君没有成功，暗中结纳贤能之士，抚爱百姓，百姓都很爱戴他。等到昭公去世，儿子舍继位，又势单力薄。十月时，商人就伙同众人乘舍上坟祭祀时将他杀死，而自立为君，这就是懿公。懿公也是桓公的儿子，母亲叫密姬。

【原文】

　　　　懿公四年春。初，懿公为公子时，与丙戎之父猎，争获不胜，及即位，断丙戎父足，而使丙戎仆。庸职之妻好，公内之宫，使庸职骖乘。五月，懿公游于申池，二人浴，戏。职曰："断足子！"戎曰："夺妻者！"二人俱病此言，乃怨。谋与公游竹中，二人弑懿公车上，弃竹中而亡去。

【译文】

　　懿公四年春，先前当懿公还是公子时，和丙戎的父亲打猎时争夺猎物没有争到于是怀恨在心，即位后，砍断了丙戎父亲的脚，并且让丙戎给他驾车。庸职的妻子貌美，懿公就抢来归为已有，并且让庸职做随车的卫士。懿公四年五月，懿公到申池游玩。丙戎和庸职入浴时互相嘲笑对方。庸职骂道："你是断脚人的孩子！"丙戎回骂道："你是被人抢去妻子的人。"二个人都认为是奇耻大辱，心中怨恨懿公，合谋和懿公到竹林中玩赏，借机在车上杀死了懿公，把尸体抛入竹林中后，各自逃走了。

【原文】

　　　　懿公之立，骄，民不附。齐人废其子而迎公子元于卫，立之，是为惠公。惠公，桓公子也。其母卫女，曰少卫姬。避齐乱，故在卫。

【译文】

　　懿公即位后很是骄傲，百姓不拥戴他。等到他被杀，齐国人废黜了他的儿子，而从卫国迎回公子元，立为国君，这就是惠公。惠公也是桓公的儿子，他的母亲是卫国公主，叫少卫姬，因为躲避齐国内乱，所以逃亡在卫国。

【原文】

　　　　惠公二年，长翟来，王子城父攻杀之，埋之于北门。晋赵穿弑其君灵公。

　　　　十年，惠公卒，子顷公无野立。初，崔杼有宠于惠公，惠公卒，高、国畏其逼也，逐之，崔杼奔卫。

　　　　顷公元年，楚庄王强，伐陈。二年，围郑，郑伯降。已，复国郑伯。

【译文】

　　惠公二年，长翟人来伐齐，大夫王子城父率军杀了其将领荣如，把他埋在北门。就在这年，晋大夫赵穿杀害了国君晋灵公。

　　十年，惠公去世。儿子顷公无野继位。起初崔杼受到惠公宠爱，惠公去世后，高、国氏二卿害怕他权势过大，受到他的胁逼，于是把他赶走了。崔杼就逃到卫国。

　　顷公元年，楚庄王在位，国势强大，讨伐陈国。二年，楚围郑，郑伯投降。不久楚又让郑伯复国。

【原文】

　　　　六年春，晋使郤克于齐，齐使夫人帷中而观之。郤克上，夫人笑之。郤克曰："不是报，不复涉河！"归，请伐齐，晋侯弗许。齐使至晋，郤克执齐使者四人河内，杀之。八年，晋伐齐，齐以公子彊质晋，晋兵去。十年春，齐伐鲁、卫。鲁、卫大夫如晋请师，皆因郤克。晋使郤克以车八百乘为中军将，士燮将上军，栾书将下军，以救鲁、卫，伐齐。六月壬申，与齐侯兵合靡笄下。癸酉，陈于鞍。逢丑父为齐顷公右。顷公曰："驰之，破晋军会食。"射伤郤克，流血至履。克欲还入壁，其御曰："我始入，再伤，不敢言疾，恐惧士卒，愿子忍之。"
遂复战。战，齐急，丑父恐齐侯得，乃易处，顷公为右，
车絓于木而止。晋小将韩厥伏齐侯车前，曰："寡君使
臣救鲁、卫。"戏之。丑父使顷公下取饮，因得亡脱去，
入其军。晋郤克欲杀丑父，丑父曰："代君死而见僇，后
人臣无忠其君者矣。"克舍之，丑父遂得亡归齐。于是
晋军追齐至马陵。齐侯请以宝器谢，不听，必得笑克者
萧桐叔子，令齐东亩。对曰："叔子，齐君母。齐君母
亦犹晋君母，子安置之？且子以义伐而以暴为后，其
可乎？"于是乃许，令反鲁、卫之侵地。

【译文】

　　六年春天，晋派郤克出使齐国，齐君让老夫人躲在帐幕中观看。郤克入殿时，夫人见他是个驼子，就讥笑他。郤克说："不报此仇，不再渡过黄河。"回去后，就请求讨伐齐国，晋侯不许。齐国使者到晋国，郤克在河内把四个使者绑起来杀了。八年，晋伐齐。齐送公子彊到晋国做人质，晋兵撤退。十年春天，齐国讨伐鲁国、卫国。鲁、卫的大夫到晋国请救兵，都通过郤克帮忙。晋派郤克担任中军统帅率领八百辆战车，士燮率领上军，栾书率领下军，去救援鲁、卫，攻打齐国。六月十七日，与齐军交战于靡笄山下。十八日，在鞍对阵。逄丑父站在车右边担任齐顷公的卫士，顷公说："急速前进，奔向敌阵，打败晋军后，大家聚餐庆功。"战争开始了，齐箭射伤了郤克，血流到了鞋上，郤克想退回营寨，他的驾车人说："我刚上阵就受了二处伤，但是不敢诉说痛苦，恐怕士兵失掉锐气，影响军心，希望将军也能忍耐些。"所以又投入了战斗。交战中，齐国危急，逄丑父怕齐侯被敌人俘获，二人便交换了位置，顷公扮作卫士，直到车子被树枝挂住了才停下来。晋国小将韩厥匍匐在齐侯车前，故意说："敝国国君派我来解救鲁国、卫国。"以戏弄侮辱齐君。逄丑父则故意派顷公下车取水喝，顷公才借机逃脱回到军中。晋郤克想杀掉逄丑父，逄丑父说："我代替国君去死反而被杀害，以后做大臣的就再没有敢忠于国君的了。"郤克就放了他。逄丑父因此能够逃回齐国。当时晋军追齐军到马陵，齐顷公请求献宝器谢罪，晋不同意，而一定要得到取笑郤克的萧桐叔子，并且让齐国的田地间的干道改成东西向（这样便于晋国的战车驰入齐

亚醜方罍　商代后期。通高60.8厘米，宽37.6厘米，重20.8千克。

国）才罢休。齐顷公回答说："萧桐叔子是齐国国君的母亲，齐君的母亲也就如同晋君的母亲，将军要如何处理她呢？而且您打着正义的旗号来讨伐，到最后却施暴行，这样可以吗？"于是晋军同意退师，而让齐国归还从鲁、卫二国侵略来的土地。

【原文】

　　十一年，晋初置六卿，赏鞍之功。齐顷公朝晋，欲尊王晋景公，晋景公不敢受，乃归。归而顷公弛苑圃，薄赋敛，振孤问疾，虚积聚以救民，民亦大说。厚礼诸侯。竟顷公卒，百姓附，诸侯不犯。

　　十七年，顷公卒，子灵公环立。

　　灵公九年，晋栾书弑其君厉公。十年，晋悼公伐齐，齐令公子光质晋。十九年，立子光为太子，高厚傅之，令会诸侯盟于钟离。二十七年，晋使中行献子伐齐。齐师败，灵公走入临菑。晏婴止灵公，灵公弗从。曰："君亦无勇矣！"晋兵遂围临菑，临菑城守不敢出，晋焚郭中而去。

【译文】

　　十一年，晋国开始设置六卿，来奖赏鞍地之战的功臣。齐顷公到晋访问，想用朝见周天子的礼仪朝见晋景公，晋景公不敢接受。回到齐后，顷公将御花园及养兽园改为农田，减免赋税，救济孤寡，慰问百姓疾苦，用所有府库中聚集的钱粮救济百姓，人们无不高兴，他还厚礼待诸侯。直到顷公去世，百姓亲附，诸侯也都不来侵犯。

　　十七年，顷公去世。儿子灵公环继位。

　　灵公九年，晋栾书杀害国君厉公。十年，晋悼公讨伐齐，齐派公子光到晋国做人质。十九年，立公子光为太子。让高厚辅佐教导他，并且让他在钟离与诸侯会合，订盟约。二十七年，晋派中行献子伐齐，齐军大败。灵公逃进临菑城。晏婴劝阻灵公逃跑，但是灵公不听，于是晏婴说："国君也没有勇气了呀！"晋兵围困临菑，临菑军民死守城池而不敢出战。晋军只好把外城放火烧了一阵才退军。

晏婴　字仲，谥平，习惯上多称平仲、晏子。山东高密人。春秋后期一位重要的政治家、思想家、外交家。

【原文】

　　二十八年。初，灵公取鲁女，生子光，以为太子。仲姬，戎姬。戎姬嬖，仲姬生子牙，属之戎姬。戎姬请以为太子，公许之。仲姬曰："不可。光之立，列于诸侯矣，今无故废之，君必悔之。"公曰："在我耳。"遂东太子光。使高厚傅牙为太子。灵公疾，崔杼迎故太子光而立之，是为庄公。庄公杀戎姬。五月壬辰，灵公卒，庄公即位，执太子牙于勾窦之丘，杀之。八月，崔杼杀高厚。晋闻齐乱，伐齐，至高唐。

【译文】

　　二十八年，当初，灵公娶了鲁国公主做夫人，生了公子光，把他立为太子。其他的夫人还有仲姬和戎姬等人。戎姬深得灵公宠爱。仲姬生了公子牙，就托给戎姬抚养。戎姬请求立牙为太子，灵公应允了。仲姬说："不妥吧！光立为太子一事，已经在诸侯们会盟的盟约上公布于众，今天无缘无故就废黜太子，怕行不通吧！"灵公说："决定权在我，与诸侯无关。"就把太子光放逐到东边边疆，让高厚辅佐教导公子牙做太子。灵公病重，崔杼迎回原太子光而立他为国君，这就是庄公。庄公杀了戎姬。五月二十九日，灵公去世，庄公即位，把太子牙关在勾窦的山上，而后把他杀了。八月，崔杼杀了高厚。晋国听说齐国内乱，就讨伐齐国，直打到高唐。

【原文】

　　庄公三年，晋大夫栾盈奔齐，庄公厚客待之。晏婴、田文子谏，公弗听。四年，齐庄公使栾盈间入晋曲沃为内应，以兵随之，上太行，入孟门。栾盈败，齐兵还，取朝歌。

【译文】

　　庄公三年，晋大夫栾盈逃到齐国，庄公以隆重的礼仪接待他。晏婴、田文子劝谏国君谨慎处理，但都不被采纳。四年，齐庄公派栾盈秘密回到晋国曲沃城做内应。齐国部队跟在后面，登上太行山进入孟门山隘口。栾盈失败了，齐军回师，顺道占领了卫国的朝歌城。

　　六年。初，棠公妻好，棠公死，崔杼取之。庄公通之，数如崔氏，以崔杼之冠赐人。侍者曰："不可。"崔杼怒，因其伐晋，欲与晋合谋袭齐，而不得间。庄公尝笞宦者贾举，贾举复侍，为崔杼间公以报怨。五月，莒子朝齐，齐于甲戌飨之。崔杼称病不视事。乙亥，公问崔杼病，遂从崔杼妻。崔杼妻入室，与崔杼自闭户不出。公拥柱而歌，宦者贾举遮公从官而入，闭门，崔杼之徒持兵从中起。公登台而请解，不许；请盟，不许；请自杀于庙，不许。皆曰："君之臣杼疾病，不能听命。近于公宫。陪臣争趣有淫者，不知二命。"公逾墙，射中公股，公反坠，遂弑之。晏婴立崔杼门外，曰："君为社稷死则死之，为社稷亡则亡之。若为己死己亡，非其私暱，谁敢任之！"门开而入，枕公尸而哭，三踊而出。人谓崔杼："必杀之。"崔杼曰："民之望也，舍之得民。"

【译文】

　　六年，起初，齐国棠邑大夫的妻子貌美，棠邑大夫死后，崔杼就娶了她。庄公几次在崔杼家和她私通，甚至还把崔杼的帽子拿走送人。侍者说："不能这样。"崔杼很恼怒，趁庄公讨伐晋国的机会，想跟晋国合谋偷袭齐国却苦于没有机会。庄公曾经鞭打过宦官贾举，贾举仍然侍候他，因此贾举就替崔杼注意庄公，找机会报仇。五月，莒子到齐国来朝见。齐设国宴招待贵宾，崔杼称病没有去。十七日，国君亲往探视崔杼病情，趁机幽会崔杼的妻子。崔杼妻走进内室，和崔杼关紧了房门不出来。庄公抱着庭柱唱起歌来，宦官贾举将国君的随从挡在大门外面，自己出来后，就关牢了大门。崔杼的党徒持武器从庭院中一拥而上，庄公爬上了庭台请求讲和，没被接受；请求订盟约，也不被同意；请求放回去在祖庙中自杀，他们不允许；他们都说："国君的大臣崔杼病重，不能亲自听你的吩咐，这儿和国君的宫廷很接近，家主命令陪臣们赶快来追赶好色淫徒，没听到其他的命令。"庄公想爬墙出去，却被箭射中了腿，跌了下来，他们就杀了他。晏婴站在崔杼家门外说："国君若为社稷而死，臣子们就跟着他死；若是为社稷而亡，臣子们就随着他亡。如果是为了自己的私事而送命，除了他宠幸的近臣外，有谁会承担这种责任呢？"大门开了，晏婴走进去伏在庄公尸身上痛哭，然后起来依礼节跳了三下表示哀吊，推门出去。有人告诉崔杼说："一定要把晏婴杀掉。"但是崔杼说："晏婴深得民众拥戴，放了他可以赢得民心的。"

【原文】

　　丁丑，崔杼立庄公异母弟杵臼，是为景公。景公母，鲁叔孙宣伯女也。景公立，以崔杼为右相，庆封为左相。二相恐乱起，乃与国人盟曰："不与崔、庆者死！"晏子仰天曰："婴所不获，唯忠于君利社稷者是从！"不肯盟。庆封欲杀晏子，崔杼曰："忠臣也，舍之。"齐太史书曰："崔杼弑庄公。"崔杼杀之。其弟复书，崔杼复杀之。少弟复书，崔杼乃舍之。

【译文】

　　丁丑日，崔杼拥立庄公的异母弟杵臼为君，这就是景公。景公的母亲是鲁叔孙宣伯的女儿。景公继位后就任命崔杼担任右相，庆封担任左相。左右二相害怕臣民不服而兴起内乱，就与国人盟誓说："不与崔氏和庆氏合作的人，就不会有好下场。"晏子仰天说："我晏婴所以不争取什么，就在于只有忠于国君、利于社稷国家的人才肯服从。"而不肯订盟。庆封想杀晏婴，崔杼说："这是忠臣，放了他吧！"齐太史在史书记录："崔杼弑庄公。"崔杼把太史杀了。太史的弟弟继任太史，又照样记载，崔杼又把他杀了。幼弟继任太史，仍旧照样记载，崔杼没有杀他。

乃孙祖甲罍　　商代后期。
通高41.8厘米，宽39厘米，
口径18厘米，重11.34千克。

【原文】

　　景公元年，初，崔杼生子成及彊，其母死，取东郭女，生明。东郭女使其前夫子无咎与其弟偃相崔氏。成有罪，二相急治之，立明为太子。成请老于崔，崔杼许之，二相弗听，曰："崔，宗邑，不可。"成、彊怒，告庆封。庆封与崔杼有郤，欲其败也。成、彊杀无咎、偃于崔杼家，家皆奔亡。崔杼怒，无人，使一宦者御，见庆封。庆封曰："请为子诛之。"使崔杼仇卢蒲嫳攻崔氏，杀成、彊，尽灭崔氏，崔杼妇自杀。崔杼毋归，亦自杀。
庆封为相国，专权。

【译文】

　　景公元年，起初，崔杼生了成及彊两个儿子，他们的母亲去世后，娶了东郭氏的女儿，生了崔明。东郭女让前夫的儿子棠无咎和她弟弟东郭偃辅佐崔氏。崔成犯了罪，无咎及偃二人立即给以惩治，改立明为嗣子。成请求让他在崔邑度过余生，崔杼答应了；可是二位辅佐不听从，说："崔邑是祖先发祥地，不能让他终老于该地。"成及彊都很恼怒，向庆封诉苦。庆封和崔杼本来就有矛盾，想让崔杼败亡。成及彊受了庆封的唆使，回到父亲家就杀了无咎及偃，家人四散。崔杼发怒，又找不到仆人，最后让一个宦官帮他驾着车去见庆封。庆封说："让我替你杀掉这些逆子。"就派了崔杼的仇人卢薄嫳攻打崔家，杀了成及彊，并且把崔氏全家杀尽。崔杼的妻子也自杀了，崔杼无家可归，只好自杀了。庆封渔翁得利，做了相国，独揽大权。

【原文】

　　三年十月，庆封出猎。初，庆封已杀崔杼，益骄，嗜酒好猎，不听政令。庆舍用政，已有内郄。田文子谓桓子曰："乱将作。"田、鲍、高、栾氏相与谋庆氏。庆舍发甲围庆封宫，四家徒共击破之。庆封还，不得入，奔鲁。齐人让鲁，封奔吴。吴与之朱方，聚其族而居之，富于在齐。其秋，齐人徙葬庄公，僇崔杼尸于市以说众。

【译文】

　　庆封杀了崔杼以后，更加狂妄，嗜酒如命，又喜欢打猎，不理政务，而让他的儿子庆舍当政，已经发生内部矛盾。田文子对桓子说："灾祸将要发生了。"田、鲍、高、栾四豪族合谋除去庆氏。三年十月，乘着庆封出外打猎，庆舍派兵围住了庆封的家，与四豪族的部属合力杀死了他的部属。庆封回来，不能进家门，逃往鲁国，齐国人怪罪鲁国，庆封又逃到吴国。吴国把朱方封给庆封，又聚集了庆氏家族住在那儿，比在齐国时还富裕。这年秋天，齐人迁葬庄公，将崔杼的尸身陈列在街市中示众。

【原文】

　　九年，景公使晏婴之晋，与叔向私语曰："齐政卒归田氏。田氏虽无大德，以公权私，有德于民，民爱之。"十二年，景公如晋，见平公，欲与伐燕。十八年，公复如晋，见昭公。二十六年，猎鲁郊，因入鲁，与晏婴俱问鲁礼。三十一年，鲁昭公辟季氏难，奔齐。齐欲以千社封之，子家止昭公，昭公乃请齐伐鲁，取郓以居昭公。

【译文】

　　九年，景公派晏婴前往晋国，晏婴私下告诉叔向说："齐国政务终将被田氏所夺取。田氏虽然没有大的德泽，但是假公权行私恩，有德于老百姓，百姓都很拥戴他。"十二年，景公亲访晋国会见平公，打算一同讨伐燕国。十八年，景公再次访晋，会见昭公。二十六年，景公到鲁国郊外打猎，顺道访问鲁国，和晏婴一起询问鲁国的礼制。三十一年，鲁昭公躲避季氏叛乱，逃到齐国。齐国想封给昭公二万五千户作为食邑，子家劝阻昭公不可接受，于是昭公请求齐国攻打鲁国，攻下了郓邑，让给昭公。

【原文】

　　三十二年，彗星见。景公坐柏寝，叹曰："堂堂，谁有此乎？"群臣皆泣，晏子笑，公怒，晏子曰："臣笑群臣谀甚。"景公曰："彗星出东北，当齐分野，寡人以为忧。"晏子曰："君高台深池，赋敛如弗得，刑罚恐弗胜，茀星将出，彗星何惧乎？"公曰："可禳否？"晏子曰："使神可祝而来，亦可禳而去也。百姓苦怨以万数，而君令一人禳之，安能胜众口乎？"是时景公好治宫室，聚狗马，奢侈，厚赋重刑，故晏子以此谏之。

【译文】

　　三十二年，彗星出现。景公坐在柏寝台上叹息："整齐堂正的国土啊！谁能享有这些呢？"群臣闻言，都流泪了。晏子笑，景公大怒。晏子说："我笑群臣太阿谀奉承。"景公说："彗星出现在东北方，正好在齐国星宿的上空，我为此而担忧。"晏子说："国君您修起高的楼台、深的护城河，征税聚敛唯恐太少，刑罚唯恐不严，长此以往，连扫帚星都会出现，彗星有什么可怕呢？”“可设法祈祷消除彗星吗？”景公问。“如果神灵可以祈祷得来，当然也可以祈祷得离去。但是百姓愁苦怨恨的人数众多，而国君让一个人去祈祷消灾，怎么可以压倒众口的咒骂呢？”晏婴说。在当时，景公喜欢修建宫室，聚养狗马，生活奢侈，赋税繁重，刑法苛厉，所以晏子拿这些话来劝谏他。

【原文】

四十二年，吴王阖闾伐楚，入郢。

四十七年，鲁阳虎攻其君，不胜，奔齐，请齐伐鲁。鲍子谏景公，乃囚阳虎。阳虎得亡，奔晋。

四十八年，与鲁定公好会夹谷。犁鉏曰：“孔丘知礼而怯，请令莱人为乐，因执鲁君，可得志。”景公害孔丘相鲁，惧其霸，故从犁鉏之计。方会，进莱乐，孔子历阶上，使有司执莱人斩之，以礼让景公。景公惭，乃归鲁侵地以谢，而罢去。是岁，晏婴卒。

五十五年，范、中行反其君于晋，晋攻之急，来请粟。田乞欲为乱，树党于逆臣，说景公曰：“范、中行数有德于齐，不可不救。”乃使乞救而输之粟。

【译文】

四十二年，吴王阖闾伐楚，攻进楚国都郢城。

四十七年，鲁国阳虎反叛国君失败，逃到齐国，请求齐国伐鲁。鲍子向景公进谏，于是囚禁了阳虎。阳虎逃了出来，又投奔晋国。

四十八年，和鲁定公在夹谷会盟。犁鉏说：“孔丘懂得礼仪，但是没胆量。可以让莱人奏乐，趁机捉住鲁君，可以在鲁国实现我们的目的。”景公妒忌孔子做鲁国的相，害怕鲁国称霸，所以听信了犁鉏的计策。正在会盟时，进献莱人音乐，孔子急忙上了台阶，派有关官吏把莱人抓起来杀了，按礼仪责怪景公。

兽面纹瓿　商代后期。高16.8厘米，宽23.5厘米，口径16.1厘米，重2.5千克。

景公很惭愧，就归还了从鲁国占据的土地以道歉，然后结束了会盟。这一年，晏婴去世了。

五十五年，范氏、中行氏在晋国反叛晋定公，晋定公派兵惨酷地镇压，他们到齐国请求借贷粮食。田乞想造反，结交叛臣以树立党羽，劝景公说：“范氏和中行氏几次对齐国有恩德，不可以不救他们。”景公就派田乞去营救他们，供给粮食。

【原文】

　　五十八年夏，景公夫人燕姬嫡子死。景公宠姜芮姬生子荼，荼少，其母贱，无行。诸大夫恐其为嗣，乃言愿择诸子长贤者为太子。景公老，恶言嗣事，又爱荼母，欲立之，惮发之口，乃谓诸大夫曰："为乐耳，国何患无君乎？"秋，景公病，命国惠子、高昭子立少子荼为太子，逐群公子，迁之莱。景公卒，太子荼立，是为晏孺子。冬，未葬，而群公子畏诛，皆出亡。荼诸异母兄公子寿、驹、黔奔卫，公子驵、阳生奔鲁。莱人歌之曰："景公死乎弗与埋，三军事乎弗与谋，师乎师乎，胡党之乎？"

【译文】

　　五十八年夏天，景公夫人燕姬生的嫡子死了，景公的宠妾芮姬生了儿子荼。荼的年纪很小，他母亲地位又低，品行很不好，大夫们怕他继位，就进言说希望选择公子中年长又贤能的作为太子。景公年老，讨厌听到这样的事，又宠爱荼的母亲，想要立荼为太子，但是又难以启口，就告诉大夫们说："还是及时行乐吧！国家还怕没有国君吗？"秋天，景公生病，派国惠子、高昭子立小儿子荼做太子，把其他的儿子都赶出都城，迁到莱邑。景公去世，太子荼继位，这就是晏孺子。冬天，景公还没下葬，公子们怕被杀害，都逃到别国去了。荼的异母哥哥公子寿及公子驹、公子黔逃到卫国，公子驵、公子阳生逃到鲁国。莱人把这事编成了歌来唱："景公死了不去埋葬，三军大事不去商量，公子们的追随者啊！到哪里去呢？"

【原文】

　　晏孺子元年春，田乞伪事高、国者，每朝，乞骖乘，言曰："子得君，大夫皆自危，欲谋作乱。"又谓诸大夫曰："高昭子可畏，及未发，先之。"大夫从之。六月，田乞、鲍牧乃与大夫以兵入公宫，攻高昭子。昭子闻之，与国惠子救公。公师败，田乞之徒追之，国惠子奔莒，遂反杀高昭子。晏圉奔鲁。八月，齐秉意兹。田乞败二相，乃使人之鲁召公子阳生。阳生至齐，私匿田乞家。十月戊子，田乞请诸大夫曰："常之母有鱼菽之祭，幸来会饮。"会饮，田乞盛阳生橐中，置坐中央，发橐出阳生，曰："此乃齐君矣！"大夫皆伏谒。将与大夫盟而立之，鲍牧醉，乞诬大夫曰："吾与鲍牧谋共立阳生。"鲍牧怒曰："子忘景公之命乎？"诸大夫相视欲悔，阳生前，顿首曰："可则立之，否则已。"鲍牧恐祸起，乃复曰："皆景公子也，何为不可！"乃与盟，立阳生，是为悼公。悼公入宫，使人迁晏孺子于骀，杀之幕下，而逐孺子母芮子。芮子故贱而孺子少，故无权，国人轻之。

【译文】

晏孺子元年春天，田乞假装服从高氏、国氏，每次上朝时，田乞在车上随侍他们，说道："您得到国君宠幸，大夫们人人自危，想要商议作乱。"又对诸大夫说："高昭子为人可怕，要在他没有发动政变以前，先除掉他。"大夫们都被他说服了。六月，田乞、鲍牧和大夫们领兵闯入宫廷，攻打高昭子。昭子听说后，和国惠子营救国君。国君的军队惨败，田乞的党徒穷追不舍，国惠子逃到莒国，就返回来杀了高昭子。晏婴的儿子晏圉逃到鲁国。八月，齐大夫秉意兹也逃到鲁国。田乞打败国、高二相后，就派人到鲁国把公子阳生接回国。阳生回到齐，躲藏在田乞家中。十月戊子日，田乞邀请大夫们说："我孩子田常的母亲主持菲薄的祭礼，还请各位给面子到舍下来喝杯水酒。"酒宴中，田乞把阳生装在一个没有底的袋子里，放在座位中央，然后打开袋子放出阳生，说："这才是齐国的国君。"大夫们都跪地拜见，田乞打算和大夫们订盟立阳生为国君。鲍牧喝醉了，田乞骗大夫们说："我是和鲍牧合谋拥立阳生的。""先生忘了景公的遗嘱吗？"鲍牧怒道。大夫们面面相觑想要反悔，可是阳生上前叩头说："看我可以当国君就立我，否则就算了。"鲍牧害怕要引起内乱，又说："都是景公的儿子，为什么不可以呢？"也就参加了盟誓，拥立阳生，这就是悼公。悼公入宫，派人把晏孺子放逐到骀城，半路上在帐幕下把他杀了，而且赶走孺子的母亲芮姬。芮姬本来地位就低下，孺子又年幼，所以没有权势，国人不拥戴他们。

【原文】

悼公元年，齐伐鲁，取谨、阐。初，阳生亡在鲁，季康子以其妹妻之。及归即位，使迎之。季姬与季鲂侯通，言其情，鲁弗敢与，故齐伐鲁，竟迎季姬。季姬嬖，齐复归鲁侵地。

鲍子与悼公有郤，不善。四年，吴、鲁伐齐南方。鲍子弑悼公，赴于吴。吴王夫差哭于军门外三日，将从海入讨齐。齐人败之，吴师乃去。晋赵鞅伐齐，至赖而去。齐人共立悼公子壬，是为简公。

简公四年春，初，简公与父阳生俱在鲁也，监止有宠焉。及即位，使为政。田成子惮之，骤顾于朝。御鞅言简公曰："田、监不可并也，君其择焉。"弗听。子我夕，田逆杀人，逢之，遂捕以入。田氏方睦，使囚病而遗守囚者酒，醉而杀守者，得亡。子我盟诸田于陈宗。初，田豹欲为子我臣，使公孙言豹，豹有丧而止。后卒以为臣，幸于子我。子我谓曰："吾尽逐田氏而立女，可乎？"对曰："我远田氏矣。且其违者不过数人，何尽逐焉！"遂告田氏。子行曰："彼得君，弗先，必祸子。"子行舍于公宫。

【译文】

悼公元年，齐伐鲁，占领谨、阐二地。起先，阳生逃亡到鲁国时，季康子把妹妹嫁给他。回国即位后，派人迎接季姬。季姬曾和季鲂侯私通，告诉父亲内情，所以鲁国不敢把季姬送回齐国。因此齐伐鲁，终于接回了季姬。季姬受到宠幸，齐国将获得的土地又还给了鲁国。

鲍子与悼公不和。四年，吴和鲁攻打齐国南部。鲍牧杀害悼公，向吴国报丧，吴王夫差在军营门外哭了三天，打算从海路讨伐齐乱。齐人打败吴军，吴军只好撤军。晋国赵鞅伐齐，到赖才退军。齐国人一同拥悼公的儿子壬继位，这就是简公。

起初，简公和父亲阳生都逃亡在鲁国时，监止受到宠爱。即位以后，就让监止处理国事。田成子怕他对自己不利，在上朝时屡次回头看。御官田鞅对简公说："田氏和监氏势不两立，国君只能择取一个辅政。"简公不听。简公四年春天，监止晚上上朝，正好遇到田逆杀了人，就把他抓住送进监狱。当时田氏家族相处和睦，他们让囚犯田逆在狱中装病，而借家中人探视的机会，送酒给狱卒吃，将狱卒灌醉然后杀掉，田逆便逃出来了。监止怕被田氏怀恨，就在田氏族长家中和他们订盟谈和。起初田氏族中有一叫田豹的，他想做监止的家臣，请公孙

鸢祖辛卣　商代后期。通高36.4厘米，宽18.4厘米，重4.04千克。

大夫代为引见，正好遇到田豹家中有丧事而作罢，此后还是做了监止的家臣，且受到宠爱。监止告诉他说："我把田氏当权者全赶走，让你来做田氏族长好吗？"田豹说："我只是田氏的旁裔子孙，而且不服从你的也只不过数人而已，又何必把他们都赶走呢？"于是田豹把消息告诉了田氏。田逆说："监止得到国君的宠信，不先下手，一定会连累你。"于是田逆就搬进了宫中居住，以便作内应。

【原文】

　　　　夏五月壬申，成子兄弟四乘如公。子我在帷，出迎之，遂入，闭门。宦者御之，子行杀宦者。公与妇人饮酒于檀台，成子迁诸寝。公执戈将击之，太史子馀曰："非不利也，将除害也。"成子出舍于库，闻公犹怒，将出，曰："何所无君！"子行拔剑曰："需，事之贼也。谁非田宗？所不杀子者有如田宗。"乃止。子我归，属徒攻闱与大门，皆弗胜，乃出。田氏追之。丰丘人执子我以告，杀之郭关。成子将杀大陆子方，田逆请而免之。以公命取车于道，出雍门。田豹与之车，弗受，曰："逆为余请，豹与余车，余有私焉。事子我而有私于其仇，何以见鲁、卫之士？"

【译文】

　　夏天，五月十三日，田常兄弟驾着四辆车去晋国拜见齐简公，监止正好在帐幕中，出来迎接。田氏入宫后，关上了宫门。宦官们挺身抵抗，田常把宦官们杀了。简公正在檀台上和妻妾饮酒。田常逼他移到寝宫中，简公拿起了铜戈要杀田常，但是太史子馀说："他不是想害你，而是来为君除害的。"田常出宫住到武库中，听说国君还在发怒，就打算逃亡，说道："哪儿没有国君呢？"田逆拔剑说道："迟疑会坏事的。参与此事的，谁不是田氏的宗族呢？你如果要逃亡，我不杀掉你，就不是田氏的族人。"田常便决定留下来。监止回家，召集他的党徒攻打宫中的大门和小门，都没能得胜，只好逃亡。田氏族人追赶他，被封地丰丘的人抓住了禀告田氏，田氏下令在郭关把监止杀了。田常要杀监止的党羽东郭贾，田逆请求赦免了他。然后东郭贾假托简公的命令，在路中取得车辆开出北门；田豹要给他车辆，东郭贾拒绝不受，说道："田逆代我请求免罪，田豹给我车辆，是我跟他们有私情。侍奉监止而和他的仇人有私情，还有何面目见鲁、卫的士人的呢？"

【原文】

　　庚辰，田常执简公于徐州。公曰："余早从御鞅言，不及此。"甲午，田常弒简公于徐州。田常乃立简公弟骜，是为平公。平公即位，田常相之，专齐之政，割齐安平以东为田氏封邑。

【译文】

　　二十一日，田常在徐州把简公捉住。简公说道："我若早听从御官田鞅的话，就不会沦落到今天这种地步。"六月六日，田常在徐州杀害了简公，而立简公的弟弟骜为国君，这就是平公。平公即位。田常辅佐为相，独揽齐国大权，划齐国安平以东封给田氏作为封邑。

【原文】

　　平公八年，越灭吴。二十五年卒，子宣公积立。
　　宣公五十一年卒，子康公贷立。田会反廪丘。

【译文】

　　平公八年，越国把吴国灭了。二十五年，平公去世，儿子宣公积继位。
　　宣公五十一年，宣公去世，儿子康公贷继位。田会在廪丘开始反叛。

【原文】

　　康公二年，韩、魏、赵始列为诸侯。十九年，田常曾孙田和始为诸侯，迁康公海滨。
　　二十六年，康公卒，吕氏遂绝其祀。田氏卒有齐国。为齐威王，强于天下。

【译文】

　　康公二年，韩、魏、赵三家开始成为诸侯国。十九年，田常的曾孙田和，也成为诸侯，把齐康公放逐到海滨。
　　二十六年，康公去世，吕氏于是断绝祭祀。田氏终于夺得齐国，田和的孙子田因，为齐威王，他称雄于诸侯。

【原文】

太史公曰：吾适齐，自泰山属之琅邪，北被于海，膏壤二千里，其民阔达多匿知，其天性也。以太公之圣，建国本，桓公之盛，修善政，以为诸侯会盟，称伯，不亦宜乎？洋洋哉，固大国之风也！

【译文】

太史公说："我到齐国来，看到从泰山山脉分出来的琅邪山，向北一直延伸到海边，拥有二千里的肥沃土壤，当地的人民心胸开阔，多有智慧，这也许是他们的天性吧！齐国靠开国的太公那般圣明，才奠定了立国的基础；接着又经过桓公的盛世，推行德政，会合诸侯、签订盟约而称霸于世，不也是理当如此的吗？说来这正是泱泱大国的风范啊！"

管 蔡 世 家

【原文】

管叔鲜、蔡叔度者，周文王子而武王弟也。

【译文】

管叔鲜和蔡叔度二人，是周文王的儿子，周武王的弟弟。

【原文】

武王同母兄弟十人。母曰太姒，文王正妃也。其长子曰伯邑考，次曰武王发，次曰管叔鲜，次曰周公旦，次曰蔡叔度，次曰曹叔振铎，次曰成叔武，次曰霍叔处，次曰康叔封，次曰冉季载。冉季载最少。同母兄弟十人，惟发、旦贤，左右辅文王，故文王舍伯邑考而以发为太子。及文王崩而发立，是为武王。伯邑考既已前卒矣。

【译文】

周武王的同母兄弟共有十人，他的母亲叫太姒，是周文王的正妻。太姒的长子叫伯邑考，第二个儿子是武王姬发，第三个儿子是管叔鲜，第四个儿子是周公旦，第五个儿子是蔡叔度，第六个儿子是曹叔振铎，第七个儿子是成叔武，第八个儿子是霍叔处，第九个儿子是康叔封，第十个儿子是冉季载。冉季载年纪最小。同母兄弟十人中，只有姬发和周公旦贤能，一左一右辅助周文王，所以周文王舍弃长子伯邑考而立姬发为太子。文王去世以后，由姬发继位，这就是武王。伯邑考在此以前便已去世了。

【原文】

武王已克殷纣，平天下，封功臣昆弟。于是封叔鲜于管，封叔度于蔡。二人相纣子武庚禄父，治殷遗民。封叔旦于鲁而相周，为周公。封叔振铎于曹，封叔武于成，封叔处于霍。康叔封、冉季载皆少，未得封。

【译文】

武王战胜商纣王以后，平定天下，分封土地给有功的臣子和他的兄弟。于是封叔鲜于管，封叔度于蔡。二人都助商纣王的儿子武庚禄父，治理殷商的遗民。把叔旦封在鲁，留在朝廷里做国相，就是周公。封叔振铎于曹，封叔武于成，封叔处于霍。康叔封和冉季载这时候年纪都很小，没有得到封地。

【原文】

武王既崩，成王少，周公旦专王室。管叔、蔡叔疑周公之为不利于成王，乃挟武庚以作乱。周公旦承成王命，伐诛武庚，杀管叔，而放蔡叔，迁之，与车十乘，徒七十人从。而分殷余民为二：其一封微子启于宋，以续殷祀；其一封康叔为卫君，是为卫康叔。封季载于冉。冉季、康叔皆有驯行，于是周公举康叔为周司寇，冉季为周司空，以佐成王治，皆有令名于天下。

【译文】

武王去世以后，成王年幼，周公旦在王室中独揽大权。管叔和蔡叔怀疑周公的行为对成王不利，就挟持武庚起来作乱。周公旦秉承成王的命令讨伐叛乱，诛灭武康，杀掉管叔，放逐蔡叔，给他十辆车乘，随

周公　姓姬，名旦，亦称叔旦，周文王姬昌第四子。因封地在周（今陕西岐山北），故称周公或周公旦。是西周初期杰出的政治家、军事家和思想家。

史记·世家

从七十人。又把殷商遗民分成二部分：其中一部分封微子启，建立宋国，以续承殷商祭祀；另一部分封康叔为卫君，这就是卫康叔。又封季载于冉。冉季和康叔都有善良的德行，于是周公推举康叔担任周朝的司寇，冉季担任周朝的司空，来辅佐成王治国，他们都有好名声流传于天下。

【原文】

蔡叔度既迁而死，其子曰胡。胡乃改行，率德驯善。周公闻之，而举胡以为鲁卿士，鲁国治。于是周公言于成王，复封胡于蔡，以奉蔡叔之祀，是为蔡仲。余五叔皆就国，无为天子吏者。

【译文】

蔡叔度已经在流放中死去。他的儿子叫胡，胡改变了他父亲的行为，他遵循道德，顺从善性。周公听到后，便推举胡当鲁国卿士，把鲁国治理得很好。于是周公向成王进言，封胡于蔡，以承奉蔡叔的祭祀，这就是蔡仲。其余五个兄弟都留在自己国内，没有担任周天子的官吏。

【原文】

蔡仲卒，子蔡伯荒立。蔡伯荒卒，子宫侯立。宫侯卒，子厉侯立。厉侯卒，子武侯立。

武侯之时，周厉王失国，奔彘，共和行政，诸侯多叛周。

武侯卒，子夷侯立。夷侯十一年。周宣王即位。二十八年，夷侯卒，子釐侯所事立。

【译文】

蔡仲去世，他的儿子蔡伯荒即位。蔡伯荒去世，他的儿子宫侯即位。宫侯去世，他的儿子厉侯即位。厉侯去世，他的儿子武侯即位。

武侯的时候，周厉王失掉国家，逃跑到彘，由周定公和召穆公共同执政，诸侯大多背叛了周天子。

武侯去世，他的儿子夷侯即位。夷侯十一年，周宣王即位。二十八年，夷侯去世，他的儿子釐侯所事即位。

【原文】

　　釐侯三十九年，周幽王为犬戎所杀，周室卑而东徙。秦始得列为诸侯。

　　四十八年，釐侯卒，子共侯兴立。共侯二年卒，子戴侯立。戴侯十年卒，子宣侯措父立。

【译文】

　　釐侯三十九年，周幽王被犬戎所杀，周室衰微，周平王将镐京东迁到洛阳。秦襄公因为护送周平王有功，才开始被封为诸侯。

　　四十八年，釐侯去世，他的儿子共侯兴即位。共侯在位二年去世，他的儿子戴侯即位。戴侯在位十年去世，他的儿子宣侯措父即位。

【原文】

　　宣侯二十八年，鲁隐公初立。三十五年，宣侯卒，子桓侯封人立。桓侯三年，鲁弑其君隐公。二十年，桓侯卒，弟哀侯献舞立。

【译文】

　　宣侯二十八年，鲁隐公刚登位。三十五年，宣侯去世，他的儿子桓侯封人即位。桓侯三年，鲁国杀了他们的国君隐公。二十年，桓侯去世，他的弟弟哀侯献舞即位。

【原文】

　　哀侯十一年。初，哀侯娶陈，息侯亦娶陈。息夫人将归，过蔡，蔡侯不敬。息侯怒，请楚文王："来伐我，我求救于蔡，蔡必来，楚因击之，可以有功。"楚文王从之，虏蔡哀侯以归。哀侯留九岁，死于楚。凡立二十年卒。蔡人立其子肸，是为穆侯。

【译文】

　　哀侯十一年，哀侯娶陈侯的女儿为妻，息侯也娶陈侯的女儿为妻。息夫人要回陈国探亲，路过蔡国，蔡侯故意习难很不礼貌。息侯很生气，便请求楚文王说："你假装来攻打我国，我向蔡侯求救，蔡侯必定会派军队来，楚国乘机袭击蔡国，一定可以取得胜利。"楚文王照着他的话去做，虏获蔡哀侯回国。哀侯拘留在楚国九年，终于死在楚国。前后在位共有二十年。蔡国人立他的儿子肸，这就是穆侯。

【原文】

穆侯以其女弟为齐桓公夫人。十八年，齐桓公与蔡女戏船中，夫人荡舟，桓公止之，不止，公怒，归蔡女而不绝也。蔡侯怒，嫁其弟。齐桓公怒，伐蔡，蔡溃，遂虏穆侯，南至楚邵陵。已而诸侯为蔡谢齐，齐侯归蔡侯。二十九年，穆侯卒，子庄侯甲午立。

【译文】

穆侯把他的妹妹嫁给齐桓公做夫人。十八年，齐桓公和蔡姬在船上游戏，夫人摇晃船只，齐桓公阻止她，她继续摇动，齐桓公很生气，便把蔡姬赶回去，不过并没有休掉她。蔡侯非常愤怒，把他的妹妹嫁给别人。齐桓公非常生气，便攻打蔡国；蔡国的军队溃败，穆侯被俘，齐桓公乘势向南进军到楚国邵陵。后来各国诸侯替蔡侯向齐桓公请罪，齐桓公才把蔡侯放回去。二十九年，穆侯去世，他的儿子庄侯甲午即位。

作宝彝 西周早期。高28厘米、口径22厘米，重约8千克。出土于陕西临潼零口镇西段村。

【原文】

庄侯三年，齐桓公卒。十四年，晋文公败楚于城濮。二十年，楚太子商臣弑其父成王代立。二十五年，秦穆公卒。三十三年，楚庄王即位。三十四年，庄侯卒，子文侯申立。

【译文】

庄侯三年，齐桓公去世。十四年，晋文公在城濮打败楚国。二十年，楚国太子商臣杀他的父亲成王夺取王位。二十五年，秦穆公去世，三十三年，楚庄王即位。三十四年，庄侯去世，他的儿子文侯申即位。

文侯十四年，楚庄王伐陈，杀夏徵舒。十五年，楚围郑，郑降楚，楚复醳之。二十年，文侯卒，子景侯固立。

景侯元年，楚庄王卒。四十九年，景侯为太子般娶妇于楚，而景侯通焉。太子弑景侯而自立，是为灵侯。

灵侯二年，楚公子围弑其王郏敖而自立，为灵王。九，陈司徒招弑其君哀公。楚使公子弃疾灭陈而有之。十二年，楚灵王以灵侯弑其父，诱蔡灵侯于申，伏甲饮之，醉而杀之，刑其士卒七十人。令公子弃疾围蔡。十一月，灭蔡。使弃疾为蔡公。

【译文】

文侯十四年，楚庄王攻打陈国，杀掉夏徵舒。十五年，楚国围攻郑国，郑侯向楚王投降，楚王又释放了他。二十年，文侯去世，他的儿子景侯固即位。

景侯元年，楚庄王去世。四十九年，景侯替太子般娶楚国女子为媳妇，而景侯与她通奸。于是太子杀了景侯自己登上王位，这就是灵侯。

灵侯二年，楚国公子围杀了他的国君郏敖自己登上王位，这就是楚灵王。九年，陈国司徒招杀了他的君王哀公。楚王派公子弃疾消灭陈国并占有了陈

四鸟扁足方鼎　西周晚期。四缘口各有一只小鸟，可以自由转动。鼎的四条腿是四条龙，中多凹口，结构灵巧，此鼎堪称国之瑰宝。

地。十二年，楚灵王由于蔡灵侯杀了自己的父亲，便引诱蔡灵侯到申城，埋伏武士，设宴款待灵侯，乘他酒醉时把他杀掉，并且杀了他的随从士兵七十人。又命令公子弃疾围攻蔡国。这一年十一月，消灭蔡国。楚灵王派弃疾为蔡公。

【原文】

楚灭蔡三岁，楚公子弃疾弑其君灵王代立，为平王。平王乃求蔡景侯少子庐，立之，是为平侯。是年，楚亦复立陈。楚平王初立，欲亲诸侯，故复立陈、蔡后。

【译文】

　　楚国消灭蔡国三年后，楚国公子弃疾杀了他的国君灵王取代了王位，这就是楚平王。楚平王寻求蔡景侯的小儿子庐，立他为蔡侯，这就是蔡平侯。这一年，楚国又让陈重新建国。由于楚平王刚即位，想要拉拢诸侯，所以又立陈侯和蔡侯的后代。

【原文】

　　　　平侯九年卒，灵侯般之孙东国攻平侯子而自立，是为悼侯。悼侯父曰隐太子友。隐太子友者，灵侯之太子，平侯立而杀隐太子，故平侯卒而隐太子之子东国攻平侯子而代立，是为悼侯。悼侯三年卒，弟昭侯申立。

【译文】

　　平侯在位九年去世，灵侯般的孙子东国攻打平侯的儿子，然后自己继位，这就是悼侯。悼侯的父亲叫隐太子友。隐太子友是灵侯的太子，平侯即位后杀死隐太子，所以平侯去世后而隐太子的儿子东国攻打平侯的儿子，而后自己登位，这就是悼侯，悼侯在位三年去世，弟弟昭侯申即位。

【原文】

　　　　昭侯十年，朝楚昭王，持美裘二，献其一于昭王而自衣其一。楚相子常欲之，不与。子常谗蔡侯，留之楚三年。蔡侯知之，乃献其裘于子常；子常受之，乃言归蔡侯。蔡侯归而之晋，请与晋伐楚。

【译文】

　　昭侯十年，他去朝见楚昭王，带了两件美丽的裘衣，其中一件献给楚昭王，另外一件由自己穿着。楚国宰相子常想要，蔡昭侯不给他。子常便向楚昭王进谗言诬陷蔡侯，把他扣留在楚国三年。蔡昭侯知道扣留他的原因后，便把他的裘衣献给子常；子常接受了裘衣，才向楚昭王说好话，让蔡昭侯回国。蔡昭侯回国后，前往晋国，请求晋国一起攻打楚国。

【原文】

　　十三年春，与卫灵公会邵陵。蔡侯私于周苌弘，以求长于卫；卫使史䲡言康叔之功德，乃长卫。夏，为晋灭沈，楚怒，攻蔡。蔡昭侯使其子为质于吴，以共伐楚。冬，与吴王阖闾遂破楚，入郢。蔡怨子常，子常恐，奔郑。

　　十四年，吴去而楚昭王复国。

　　十六年，楚令尹为其民泣以谋蔡，蔡昭侯惧。

　　二十六年，孔子如蔡。楚昭王伐蔡，蔡恐，告急于吴。吴为蔡远，约迁以自近，易以相救；昭侯私许，不与大夫计。吴人来救蔡，因迁蔡于州来。

　　二十八年，昭侯将朝于吴，大夫恐其复迁，乃令贼利杀昭侯；已而诛贼利以解过，而立昭侯子朔，是为成侯。

【译文】

　　昭侯十三年春天，蔡昭侯和卫灵公在邵陵会盟。蔡昭侯私通周苌弘，想要使蔡国在盟约上的地位高出卫国。可是卫灵公派史官䲡赞扬卫国始祖康叔的功业德行，于是卫国的地位排在蔡国的前面。这一年夏天，蔡昭侯替晋国消灭沈国，楚昭王大怒，攻打蔡国。蔡昭侯便把儿子送到吴国当人质，请求和吴国一起攻打楚国。这一年冬天，蔡昭侯和吴王阖闾打败楚国，攻入郢都。蔡昭侯怨恨子常，子常害怕，逃奔到郑国。

　　昭侯十四年，吴军撤出楚国，因而楚昭王又恢复了自己的国家。

　　十六年，楚国令尹为本国人民遭受吴、蔡的屠杀而流泪请求楚昭王讨伐蔡国，蔡昭侯恐惧。

　　二十六年，孔子前往蔡国这一年，楚昭王讨伐蔡国，蔡昭侯恐慌，向吴王告急求救。吴王认为蔡国都城距离吴国太远，便和蔡侯约定把都城迁到靠近吴国，便于救援；蔡昭侯私下答应，并没有和大夫商量。吴国人来救蔡国，于是蔡侯把国都从新蔡迁到州来。

　　二十八年，蔡昭侯准备去朝见吴王，蔡国的大夫恐怕他再次迁都，于是派贼寇利刺杀昭侯；事后蔡国的大夫又诛杀贼寇利来推卸罪责，并立昭侯的儿子朔，这就是成侯。

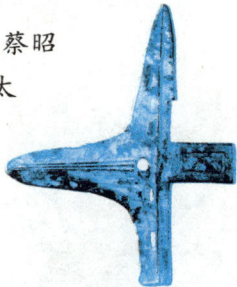

三穿戟　西周中期。通高23厘米，宽18.5厘米，重0.32千克。

【原文】

　　成侯四年，宋灭曹。十年，齐田常弑其君简公。十三年，楚灭陈。十九年，成侯卒，子声侯产立。声侯十五年卒，子元侯立。元侯六年卒，子侯齐立。

【译文】

　　成侯四年，宋国消灭曹国。十年，齐国田常杀了他的国君简公。十三年，楚国消灭陈国。十九年，成侯去世，他的儿子声侯产即位。声侯在位十五年去世，他的儿子元侯即位。元侯在位六年去世，他的儿子侯齐即位。

【原文】

　　侯齐四年，楚惠王灭蔡，蔡侯齐亡，蔡遂绝祀。后陈灭三十三年。

【译文】

　　侯齐四年，楚惠王消灭蔡国，蔡侯齐逃亡，蔡国于是断绝了祭祀。蔡国比陈国晚灭亡了三十三年。

【原文】

　　伯邑考，其后不知所封。武王发，其后为周，有本纪言。管叔鲜作乱，诛死，无后。周公旦，其后为鲁，有世家言。蔡叔度，其后为蔡，有世家言。曹叔振铎，其后为曹，有世家言。成叔武，其后世无所见。霍叔处，其后晋献公时灭霍。康叔封，其后为卫，有世家言。冉季载，其后世无所见。

【译文】

　　伯邑考，他的后代不知封于什么地方。武王姬发，他的后代为周王，有《周纪》记载。管叔鲜在周成王时作乱，被周公所杀，没有后代。周公旦，他的后代为鲁侯，有《鲁周公世家》记载。蔡叔度，他的后代为蔡侯，有《管蔡世家》记载。曹叔振铎，他的后代为曹侯，有《管蔡世家》记载。成叔武，他的后代不见记载。霍叔处，他的后代为

刖刑奴隶守鼎

霍侯，被晋献公消灭。康叔封，他的后代为卫侯，有世家记载。冉季载，他的后代默默无闻。

【原文】

太史公曰：管、蔡作乱，无足载者。然周武王崩，成王少，天下既疑，赖同母之弟成叔、冉季之属十人为辅拂，是以诸侯卒宗周，故附之世家言。

【译文】

太史公说："管叔和蔡叔作乱，并没有什么值得记载的。然而周武王去世以后，成王年幼，引起天下人的猜疑，所幸靠着周武王同母的弟弟成叔、冉季等人加以辅助，因此天下诸侯最后以周王为宗主，所以我把它附记在世家中记述。"

【原文】

曹叔振铎者，周武王弟也。武王已克殷纣，封叔振铎于曹。

叔振铎卒，子太伯脾立。太伯卒，子仲君平立。仲君平卒，子宫伯侯立。宫伯侯卒，子孝伯云立。孝伯云卒，子夷伯喜立。

夷伯二十三年，周厉王奔于彘。

三十年卒，弟幽伯强立。幽伯九年，弟苏杀幽伯代立，是为戴伯。戴伯元年，周宣王已立三年。三十年，戴伯卒，子惠伯兕立。

惠伯二十五年，周幽王为犬戎所杀，因东徙，益卑，诸侯畔之。秦始列为诸侯。

三十六年，惠伯卒，子石甫立，其弟武杀之代立，是为穆公。穆公三年卒，子桓公终生立。

【译文】

曹叔振铎，是周武王的弟弟。周武王战胜商纣王以后，封叔振铎于曹。

叔振铎去世，他的儿子太伯脾即位。太伯去世，他的儿子仲君平即位。仲君平去世，他的儿子宫伯侯即位。宫伯侯去世，他的儿子孝伯云即位。孝伯云去世，他的儿子夷伯喜即位。

夷伯二十三年，周厉王逃奔到彘地。

夷伯在位三十年去世，他的弟弟幽伯强即位。幽伯九年，他的弟弟苏杀了幽伯，自己取代了君位，这就是戴伯。戴伯元年，周宣王已经即位三年。三十年，戴伯去世，他的儿子惠伯兕即位。

惠伯二十五年，周幽王被犬戎所杀，周朝于是东迁洛阳，王室力量更加薄弱，诸侯纷纷反叛。这时候秦被封为诸侯。

三十六年，惠伯去世，他的儿子石甫即位，弟弟武杀了哥哥石甫，自己取代君位，这就是穆公。穆公在位三年去世，他的儿子桓公终生即位。

【原文】

桓公三十五年，鲁隐公立。四十五年，鲁弑其君隐公。四十六年，宋华父督弑其君殇公，及孔父。五十五年，桓公卒，子庄公夕姑立。

【译文】

桓公三十五年，鲁隐公登位。四十五年，鲁国人杀害了他们的国君隐公。四十六年，宋国华父督杀害他的国君殇公以及大夫孔父。五十五年，桓公去世，儿子庄公姬夕姑继位。

【原文】

庄公二十三年，齐桓公始霸。

三十一年，庄公卒，子釐公夷立。釐公九年卒，子昭公班立。昭公六年，齐桓公败蔡，遂至楚召陵。九年，昭公卒，子共公襄立。

【译文】

庄公二十三年，齐桓公开始称霸诸侯。

三十一年，庄公去世，他的儿子釐公夷即位。釐公在位九年去世，他的儿子昭公班即位。昭公六年，齐桓公打败蔡国，然后进军到楚国的召陵。九年，昭公去世，他的儿子共公襄即位。

【原文】

共公十六年。初，晋公子重耳其亡过曹，曹君无礼，欲观其骈胁。釐负羁谏，不听，私善于重耳。二十一年，

晋文公重耳伐曹，虏共公以归，令军毋入釐负羁之宗族
间。或说晋文公曰："昔齐桓公会诸侯，复异姓；今君
囚曹君，灭同姓，何以令于诸侯？"晋乃复归共公。

【译文】

共公十六年，当初，晋国公子重耳逃亡经过
曹国，曹君对他很不礼貌，想偷看重耳身上连在
一起的肋骨。大夫釐负羁加以劝谏，曹君不听，于
是釐负羁私下对重耳很友好。二十一年，晋文公
重耳讨伐曹国，虏获共公回晋，下令晋军不准进入釐负羁家族居住的乡里。有
人告诉晋文公说："从前齐桓公会合诸侯，恢复异姓的国家；现在您却囚禁曹
君，消灭同姓的国家，怎么能向天下诸侯发号施令呢？"晋文公于是又把曹共
公放回去。

虢季子白盘

【原文】

二十五年，晋文公卒。三十五年，共公卒，子文公
寿立。文公二十三年卒，子宣公强立。宣公十七年卒，
弟成公负刍立。

【译文】

二十五年，晋文公去世。三十五年，曹共公去世，他的儿子文公寿即位。
文公在位二十三年去世，他的儿子宣公强即位。宣公在位十七年去世，他的弟
弟成公负刍即位。

【原文】

成公三年，晋厉公伐曹，虏成公以归，已复释之。
五年，晋栾书、中行偃使程滑弑其君厉公。二十三年，
成公卒，子武公胜立。

【译文】

成公三年，晋厉公讨伐曹国，虏获成公归国，不久又释放成公。五年，晋
国栾书和中行偃唆使程滑杀掉他们的国君厉公。二十三年，成公去世，他的儿
子武公胜即位。

【原文】

武公二十六年，楚公子弃疾弑其君灵王代立。二十七年，武公卒，子平公（顷）〔须〕立。平公四年卒，子悼公午立。是岁，宋、卫、陈、郑皆火。

【译文】

武公二十六年，楚国公子弃疾杀了他的国君灵王，自己即位。二十七年，武公去世，他的儿子平公须即位。平公在位四年去世，他的儿子悼公午即位。这一年，宋、卫、陈、郑四国都发生火灾。

【原文】

悼公八年，宋景公立。九年，悼公朝于宋，宋囚之；曹立其弟野，是为声公。悼公死于宋，归葬。

【译文】

悼公八年，宋景公即位。九年，曹悼公到宋国朝见宋景公，宋景公把他囚禁起来；曹国人立悼公的弟弟野为君，这就是声公。悼公死在宋国，尸体送回曹国埋葬。

【原文】

声公五年，平公弟通弑声公代立位，这就是隐公。隐公四年，声公弟露弑隐公代立王位，这就是靖公。靖公四年卒，子伯阳立。

【译文】

声公五年，平公的弟弟通杀声公取代了王位，这就是隐公。隐公四年，声公的弟弟露又杀隐公，自己接位，这就是靖公。靖公在位四年去世，他的儿子伯阳即位。

牛首四耳簋

【原文】

伯阳三年，国人有梦众君子立于社宫，谋欲亡曹，曹叔振铎止之，请待公孙强，许之。旦，求之曹，无此

0六四

人。梦者戒其子曰："我亡，尔闻公孙强为政，必去曹，无罹曹祸。"及伯阳即位，好田弋之事。

【译文】

伯阳三年，曹国有人梦见很多君子站在祭祀土地神的社宫中，商议将要消灭曹国，曹叔振铎加以阻止，希望等到公孙强的时候才行动，大家表示同意。天亮后，做梦的人在全曹国寻找公孙强，不见这个人。做梦的人便告诫他的儿子说："我死后，你如果听说公孙强这个人当政，一定要离开曹国，免得遭蒙曹国灭亡的灾祸。"等到伯阳即位，喜好射猎。

【原文】

六年，曹野人公孙强亦好田弋，获白雁而献之，且言田弋之说，因访政事。伯阳大说之，有宠，使为司城，以听政。梦者之子乃亡去。

【译文】

伯阳六年，曹国乡下人公孙强也喜好射猎，捕获了一只白雁献给伯阳，并且谈论射猎的学问，伯阳因而向他询问政事。伯阳非常喜欢他，对公孙强非常宠爱，任命他做司城并参与国家政务。做梦的人的儿子于是逃离曹国。

【原文】

公孙强言霸说于曹伯。十四年，曹伯从之，乃背晋干宋。宋景公伐之，晋人不救。十五年，宋灭曹，执曹伯阳及公孙强以归而杀之。曹遂绝其祀。

【译文】

公孙强向曹伯谈论称霸诸侯的方法。十四年，曹伯照他的话去做，于是背叛晋国侵犯宋国。宋景公带兵攻打曹国，晋国人不援救。十五年，宋国消灭曹国。俘获了曹伯阳和公孙强回到宋国，然后把二人杀掉，曹国于是断绝了祖祀。

【原文】

太史公曰：余寻曹共公之不用釐负羁，乃乘轩者三百人，知惟德之不建。及振铎之梦，岂不欲引曹之祀者哉？如公孙强不修厥政，叔铎之祀忽诸。

【译文】

太史公说：我探寻曹共公不任用釐负羁的原因，他坐高车的美女就有三百人，所以知道曹共公不修德政。及至发生振铎的梦兆，难道不是想要延长曹国的祭祀吗？如果公孙强不施行霸道的政治，曹叔振铎的祭祀会断绝么！

晋 世 家

【原文】

晋唐叔虞者，周武王子而成王弟。初，武王与叔虞母会时，梦天谓武王曰："余命女生子，名虞，余与之唐。"及生子，文在其手曰"虞"，故遂因命之曰虞。

【译文】

晋国的祖先唐叔虞，是周武王的儿子、成王的幼弟。当初武王和叔虞的母亲聚合时，梦见天神对武王说："我叫你生这个儿子取名为虞，我把唐这块土地赐给他。"当儿子出生以后，手心上果然有个虞字，因此就给他起名叫虞。

【原文】

武王崩，成王立，唐有乱，周公诛灭唐，成王与叔虞戏，削桐叶为珪以与叔虞，曰："以此封若。"史佚因请择日立叔虞。成王曰："吾与之戏耳。"史佚曰："天子无戏言。言则史书之，礼成之，乐歌之。"于是遂封叔虞于唐。唐在河、汾之东，方百里，故曰唐叔虞。姓姬氏，字子于。

【译文】

后来武王去世，成王继位，唐国发生动乱，于是周公灭掉唐国。有一回，成王跟叔虞开玩笑，把桐叶削成珪状，送给叔虞，并说："用这个封你。"史佚因而请求选择吉日封叔虞为诸侯，成王说："我只是跟他开玩笑罢了。"史佚说："天子没有开玩笑的话，话一

周武王　姬姓，名发，周文王第二子。继承父亲遗志，于公元前11世纪消灭商朝，建立了西周王朝。

出口史官就要记载它，用礼仪完成它，用乐章歌唱它。"于是就封叔虞到唐国。唐这个地方位于黄河与汾水东面，纵横一百里，因此称为唐叔虞。叔虞姓姬，字子于。

【原文】

　　唐叔子燮，是为晋侯。晋侯子宁族，是为武侯。武侯之子服人，是为成侯。成侯子福，是为厉侯。厉侯之子宜臼，是为靖侯。靖侯已来，年纪可推。自唐叔至靖侯五世，无其年数。

【译文】

　　唐叔的儿子名燮，就是晋侯。晋侯的儿子宁族，就是武侯。武侯的儿子服人就是成侯。成侯的儿子福，就是厉侯。厉侯的儿子宜臼，就是靖侯。从靖侯以来，年代可以推算。从唐叔到靖侯经过五代，没有记载他们的在位年数。

【原文】

　　靖侯十七年，周厉王迷惑暴虐，国人作乱，厉王出奔于彘，大臣行政，故曰"共和"。

　　十八年，靖侯卒，子釐侯司徒立。

　　釐侯十四年，周宣王初立。

　　十八年，釐侯卒，子献侯籍立。献侯十一年卒，子穆侯费王立。

　　穆侯四年，取齐女姜氏为夫人。七年，伐条。生太子仇。十年，伐千亩，有功。生少子，名曰成师。晋人师服曰："异哉，君之命子也！太子曰仇，仇者雠也，少子曰成师，成师大号，成之者也。名，自命也；物，自定也。今适庶名反逆，此后晋其能毋乱乎？"

　　二十七年，穆侯卒，弟殇叔自立，太子仇出奔。殇叔三年，周宣王崩。四年，穆侯太子仇率其徒袭殇叔而立，是为文侯。

【译文】

靖侯十七年，周厉王暴虐无道，国人纷纷叛乱，厉王逃奔到彘这个地方去，大臣代理行使朝廷政事，所以叫"共和"。

十八年，靖侯去世，他的儿子釐侯司徒即位。

釐侯十四年，周宣王即位。

十八年，釐侯去世，他的儿子献侯籍即位。献侯十一年去世，他的儿子穆侯费王即位。

穆侯四年，娶齐国女子姜氏为夫人。七年，讨伐条城。并生下太子仇。十年，讨伐千亩，有战功。又生了一个小儿子，名叫成师。晋国大夫师服说："奇怪呀，君王给儿子的命名，太子名叫仇，仇的意思就是仇敌。幼子名叫成师，成师是大名号，是成就他的意思。名号是自己称呼的，内容实质是自己的行为确定的，如今所命之名彼此背逆，从此以后，晋国难道能不混乱吗？"

二十七年，穆侯去世，他的弟弟殇叔自立为侯，太子仇出国逃亡。殇叔三年，周宣王去世。四年，穆侯太子仇率领他的党徒袭击殇叔而登位，这就是文侯。

【原文】

文侯十年，周幽王无道，犬戎杀幽王，周东徙。而秦襄公始列为诸侯。

三十五年，文侯仇卒，子昭侯伯立。

【译文】

文侯十年，周幽王暴虐无道，犬戎入境杀了幽王，周室因此东迁。秦襄公开始被封为诸侯。

三十五年，文侯仇去世。他的儿子昭侯伯即位。

矢壶　商代后期。高34.6厘米，宽24.5厘米，口径19×14.5厘米，重6.49千克。出土于河南安阳。

【原文】

昭侯元年，封文侯弟成师于曲沃。曲沃邑大于翼。翼，晋君都邑也。成师封曲沃，号为桓叔。靖侯庶孙栾宾相桓叔。桓叔是年五十八矣，好德，晋国之众皆附焉。君子曰："晋之乱其在曲沃矣。末大于本而得民心，不乱何待！"

【译文】

　　昭侯元年，封文侯幼弟成师于曲沃。曲沃的面积比翼城大。翼城是晋君的都城。成师封在曲沃，号称桓叔。靖侯的一位旁系孙子栾宾辅佐桓叔。桓叔当时的年纪已经五十八岁了，好修德行，晋国的百姓都来归附他。当时有君子感叹地说："晋国的祸乱将会在曲沃出现，末梢大于根本，而且深得民心，哪有不乱的呢？"

【原文】

　　　　七年，晋大臣潘父弑其君昭侯而迎曲沃桓叔，桓叔欲入晋，晋人发兵攻桓叔。桓叔败，还归曲沃。晋人共立昭侯子平为君，是为孝侯；诛潘父。

【译文】

　　七年，晋国大臣潘父杀害他的国君昭侯而迎接曲沃桓叔。桓叔想入晋都，晋人却起兵攻打桓叔。桓叔失败，返回曲沃。晋人共同拥立昭侯的儿子平做国君，称为孝侯，并将潘父杀掉。

【原文】

　　　　孝侯八年，曲沃桓叔卒，子鲜代桓叔，是为曲沃庄伯。孝侯十五年，曲沃庄伯弑其君晋孝侯于翼。晋人攻曲沃庄伯，庄伯复入曲沃。晋人复立孝侯子郄为君，是为鄂侯。

【译文】

　　孝侯八年，曲沃桓叔死，他的儿子鲜接替桓叔，这就是曲沃庄伯。孝侯十五年，曲沃庄伯在翼城杀害他的国君晋孝侯。晋人反攻曲沃庄伯，庄伯又退回曲沃。晋人重新扶立孝侯的儿子郄为君，称为鄂侯。

【原文】

　　　　鄂侯二年，鲁隐公初立。

【译文】

　　鄂侯二年，鲁隐公刚登位。

【原文】

　　鄂侯六年卒。曲沃庄伯闻晋鄂侯卒，乃兴兵伐晋。周平王使虢公将兵伐曲沃庄伯，庄伯走保曲沃。晋人共立鄂侯子光，是为哀侯。

【译文】

　　鄂侯六年去世，曲沃庄伯听说晋鄂侯死了，就起兵攻打晋都。周平王即派虢公率领兵马征讨曲沃庄伯，庄伯立即返回去守护曲沃。晋人又拥立鄂侯的儿子光为君，这就是哀侯。

【原文】

　　哀侯二年，曲沃庄伯卒，子称代庄伯立，是为曲沃武公。哀侯六年，鲁弑其君隐公。哀侯八年，晋侵陉廷。陉廷与曲沃武公谋，九年，伐晋于汾旁，虏哀侯。晋人乃立哀侯子小子为君，是为小子侯。

【译文】

　　哀侯二年，曲沃庄伯去世，他的儿子称接替庄伯的君位，这就是曲沃武公。哀侯六年，鲁人杀害他们的国君隐公。哀侯八年，晋国进攻陉廷，陉廷人与曲沃武公合谋。九年，在汾水旁攻打晋国，俘虏哀侯。晋人即立哀侯的儿子小子为君，这就是小子侯。

【原文】

　　小子元年，曲沃武公使韩万杀所虏晋哀侯。曲沃益强，晋无如之何。

【译文】

　　小子元年，曲沃武公派韩万将俘虏的晋哀侯杀掉。曲沃的势力愈来愈强大，晋国对它无可奈何。

【原文】

　　晋小子之四年，曲沃武公诱召晋小子杀之。周桓王使虢仲伐曲沃武公，武公入于曲沃，乃立晋哀侯弟缗为晋侯。

亚鸟宁盉　商代后期。通高31厘米，宽12.5厘米，重3.86千克。

【译文】

晋小子四年，曲沃武公诱骗晋国的小子侯，并将他杀了。周桓王即派虢仲攻打曲沃武公，武公退回曲沃，虢仲即立晋哀侯的弟弟缗为晋侯。

【原文】

晋侯缗四年，宋执郑祭仲而立突为郑君。晋侯十九年，齐人管至父弒其君襄公。

【译文】

晋侯缗四年，宋国捉住郑国的祭仲要挟他立突做郑国君主。晋侯十九年，齐人管至父将他的国君襄公杀死。

【原文】

晋侯二十八年，齐桓公始霸。曲沃武公伐晋侯缗，灭之，尽以其宝器赂献于周釐王。釐王命曲沃武公为晋君，列为诸侯。于是尽并晋地而有之。

【译文】

晋侯二十八年，齐桓公开始称霸。曲沃武公攻伐晋侯缗，灭掉晋国，将晋人所有的珍宝器物贿赂献给周釐王。釐王命曲沃武公为晋国的君主，列为诸侯。从此将晋国所有的土地全部吞并，据为己有。

【原文】

曲沃武公已即位三十七年矣，更号曰晋武公。晋武公始都晋国，前即位曲沃，通年三十八年。

【译文】

曲沃武公即位已经三十七年了，更改名号叫晋武公。晋武公开始把晋国的都城作为都城，加上在曲沃即位的时间，合计三十八年。

【原文】

武公称者，先晋穆侯曾孙也，曲沃桓叔孙也。桓叔者，始封曲沃。武公，庄伯子也。自桓叔初封曲沃以至武公灭晋也，凡六十七岁，而卒代晋为诸侯。武公代晋二岁，卒。与曲沃通年，即位凡三十九年而卒。子献公诡诸立。

【译文】

晋武公称是从前晋穆侯的曾孙，曲沃桓叔的孙子。桓叔是开始封在曲沃。武公是庄伯的儿子。自从桓叔开始封到曲沃，以至于武公灭晋共六十七年，终于取代晋国成为诸侯。武公取代晋以后两年去世，和在曲沃总计共在位三十九年去世，他的儿子献公诡诸即位。

【原文】

献公元年，周惠王弟穨攻惠王，惠王出奔，居郑之栎邑。

五年，伐骊戎，得骊姬、骊姬弟，俱爱幸之。

八年，士劳说公曰："故晋之群公子多，不诛，乱且起。"乃使尽杀诸公子，而城聚都之，命曰绛，始都绛。九年，晋群公子既亡奔虢，虢以其故再伐晋，弗克。十年，晋欲伐虢，士劳曰："且待其乱。"

【译文】

献公元年，周惠王的弟弟穨攻打惠王，惠王出外奔逃，住在郑国的栎邑。

献公五年，晋国讨伐骊戎，得到骊姬和她妹妹，都很受献公宠受。

八年，晋大夫士劳劝献公说："原晋国的一大群公子们人数很多，如不诛杀，将有祸乱兴起。"因此献公即派人把那些公子全部杀光，而建都城聚，改名为绛，开始建都在绛。九年，晋国的那些公子纷纷逃奔到虢国去，虢国因为他们的缘故再次讨伐晋国，却未得胜。十年，晋国想要攻打虢国，士劳劝献公说："且等待他们出乱子。"

亚吴盘　商代后期。通高12.8厘米，宽35.3厘米，重4.42千克。

【原文】

十二年，骊姬生奚齐。献公有意废太子，乃曰："曲沃吾先祖宗庙所在，而蒲边秦，屈边翟，不使诸子居之，

我惧焉。"于是使太子申生居曲沃，公子重耳居蒲，公
子夷吾居屈。献公与骊姬子奚齐居绛。晋国以此知太子
不立也。太子申生，其母齐桓公女也，曰齐姜，早死。
申生同母女弟为秦穆公夫人。重耳母，翟之狐氏女也。
夷吾母，重耳母女弟也。献公子八人，而太子申生、重
耳、夷吾皆有贤行。及得骊姬，乃远此三子。

【译文】

十二年，骊姬生子奚齐。献公有意废除太子，就说："曲沃是我祖先宗庙的所在地，而蒲邑靠近强秦，屈邑靠近翟族，如果不派遣诸子在那里镇守，我害怕出乱子。"于是派太子申生居守曲沃，公子重耳居守蒲邑，公子夷吾守屈邑。献公与骊姬的儿子奚齐住在国都绛城。晋国人因此已经看出太子将被废掉。太子申生的母亲原是齐桓公的女儿，名叫齐姜，死得早。申生的同母胞妹，嫁给秦穆公为夫人。重耳的母亲，是翟国狐氏女子。夷吾的母亲，是重耳母亲的妹妹。献公共有八个儿子，其中太子申生、重耳、夷吾，都有贤能的德行。等献公得到骊姬后，献公开始疏远这三人。

【原文】

十六年，晋献公作二军。公将上军，太子申生将
下军，赵夙御戎，毕万为右，伐灭霍，灭魏，灭耿。还，
为太子城曲沃，赐赵夙耿，赐毕万魏，以为大夫。士
蒍曰："太子不得立矣。分之都城，而位以卿，先为之
极，又安得立！不如逃之，无使罪至，为吴太伯，不亦
可乎，犹有令名。"太子不从。卜偃曰："毕万之后必大。
万，盈数也；魏，大名也。以是始赏，天开之矣。天子
曰兆民，诸侯曰万民，今命之大，以从盈数，其必有众。"
初，毕万卜仕于晋国，遇"屯"之"比"。辛廖占之曰：
"吉。屯固比入，吉孰大焉！其后必蕃昌。"

【译文】

十六年，晋献公亲自建立二军。献公统率上军，太子申生统率下军，由赵夙驾驭戎车，毕万担任护卫，前往攻伐邻国，灭了霍、魏、耿三国，班师回朝

后，替太子在曲沃筑城，把耿地赐给赵夙，魏地赐给毕万，任命他们为大夫。士茆说："太子不得立为君了，把都城分给他，安排他为卿，预先把太子的禄位提高到极点，又怎么能继位！太子不如逃走，不要在等着大罪降临。像吴太伯的做法，不也可以吗？还有一个好名声。"太子却不听从，掌卜的大夫郭偃说："毕万的后代一定会发达，万是个满数，魏是大名称。献公将魏国赏给他，等于是天开通他的福气了。天子有兆民，诸侯有万民，如今给以大名，又依从满数，他一定会拥有群众。"当初，毕万占卜，问在晋国做官的吉凶，遇到了屯卦变成比卦。辛廖预测说："好得很。屯意味着坚固，比意味着深入，还有什么比这更吉利的呢？你的后代一定繁荣昌盛。"

【原文】

【原文】

　　十七年，晋侯使太子申生伐东山，里克谏献公曰："太子奉冢祀社稷之粢盛，以朝夕视君膳者也，故曰冢子。君行则守，有守则从，从曰抚军，守曰监国，古之制也。夫率师，专行谋也；誓军旅，君与国政之所图也：非太子之事也。师在制命而已，禀命则不威，专命则不孝，故君之嗣適不可以帅师。君失其官，率师不威，将安用之？"公曰："寡人有子，未知其太子谁立。"里克不对而退，见太子。太子曰："吾其废乎？"里克曰："太子勉之！教以军旅，不共是惧，何故废乎？且子惧不孝，毋惧不得立。修己而不责人，则免于难。"太子帅师，公衣之偏衣，佩之金玦。里克谢病，不从太子。太子遂伐东山。

【译文】

　　十七年，晋侯命太子申生征讨东山。晋卿里克进谏献公说："太子是奉献祭祀宗庙、社稷的祭品的人，和早晚侍奉检验君王饮食的人，所以称为冢子。君王出行，太子就留守，有人留守，太子就随从出行，随从叫抚军，留守称为监国，这是古代的制度。率领军队，就必须决断策略，对军队发号施令，则是国君与正卿的责任，这些都不是太子的事。军队统帅在于制定和发布命令罢了，如果太子一味地请命于国君，就失去了统帅的威严；如果独断专行，又

虢季子组卤　西周晚期。通高33厘米，宽21.4厘米，重5.8千克。

对君王不孝，所以说一个国君的继承者，不可命他率领军队，现在让太子统帅军队是用错了人，太子统帅军队没有威严，又怎样用他呢？"献公说："我有好几个儿子，不知道将立谁为太子？"里克无话可说，只得告退，去见太子。太子说："我将被废除吗？"里克说："太子努力吧！让你统率军队，只怕不能很好地完成任务，有什么理由废除呢？再说您只怕不孝，不要怕得不到君位，严格要求自己而不责备于他人，就可免除灾难。"太子率领军队，献公让他穿着左右异色的衣服，佩带金玦，里克假装有病，没有跟随太子，于是太子即出征去征讨东山。

　　　　十九年，献公曰："始吾先君庄伯、武公之诛晋乱，而虢常助晋伐我，又匿晋亡公子，果为乱。弗诛，后遗子孙忧。"乃使荀息以屈产之乘假道于虞。虞假道，遂伐虢，取其下阳以归。

　　十九年，献公说："以前，我的祖先庄伯与武公诛讨晋乱时，虢国常常帮助晋国来攻伐我们，又藏匿了许多晋国逃亡的公子，果真作乱，不去讨伐，以后会给子孙留下忧患。"于是即派荀息以屈地出产的良马去贿赂虞公，向虞国借道。虞国答应了，就出兵攻打虢国，夺取下阳城以后即凯旋回国。

　　　　献公私谓骊姬曰："吾欲废太子，以奚齐代之。"骊姬泣曰："太子之立，诸侯皆已知之，而数将兵，百姓附之，奈何以贱妾之故废適立庶？君必行之，妾自杀也。"骊姬详誉太子，而阴令人谮恶太子，而欲立其子。

　　献公私下对骊姬说："我想废除太子，用奚齐取代他。"骊姬哭泣着说："太子的确立，诸侯都已经知道了，而且太子多次率军征伐，百姓都归附他，怎能因为我而废除嫡长子而立庶子呢？你如果一定要这样做，我只得自杀了。"骊姬假装称誉太子，暗中却派人谗毁中伤太子，想立自己的儿子为太子。

史记·世家

○七五

【原文】

二十一年，骊姬谓太子曰："君梦见齐姜，太子速祭曲沃，归釐于君。"太子于是祭其母齐姜于曲沃，上其荐胙于献公。献公时出猎，置胙于宫中。骊姬使人置毒药胙中。居二日，献公从猎来还，宰人上胙献公，献公欲飨之。骊姬从旁止之，曰："胙所从来远，宜试之。"祭地，地坟；与犬，犬死；与小臣，小臣死。骊姬泣曰："太子何忍也！其父而欲弑代之，况他人乎？且君老矣，旦暮之人，曾不能待而欲弑之！"谓献公曰："太子所以然者，不过以妾及奚齐之故。妾愿子母辟之他国，若早自杀，毋徒使母子为太子所鱼肉也。始君欲废之，妾犹恨之；至于今，妾殊自失于此。"太子闻之，奔新城。献公怒，乃诛其傅杜原款。或谓太子曰："为此药者乃骊姬也，太子何不自辞明之？"太子曰："吾君老矣，非骊姬，寝不安，食不甘。即辞之，君且怒之，不可。"或谓太子曰："可奔他国。"太子曰："被此恶名以出，人谁内我？我自杀耳。"十二月戊申，申生自杀于新城。

【译文】

二十一年，骊姬对太子说："君王梦见齐姜，你赶快到曲沃去祭礼，然后把祭肉送给君王。"太子于是到曲沃去祭祀生母齐姜，并将荐享过的祭肉奉献给献公。献公当时正好出去打猎。太子把祭肉放在宫中，骊姬暗中派人将毒药藏在祭肉里。过了两天，献公打猎回来，管膳食的厨夫把祭肉送给献公，献公正要享用时，骊姬从旁劝阻说："祭肉来的地方远，应该先试试。"便把祭肉倒在地上，地面突起；把祭肉扔给狗吃，狗立即死掉；再给小宦官吃，小宦官也立刻毙命。骊姬即哭泣着说："太子多么残忍哪！连自己的父王都想杀害取而代之，何况别人呢？而且君王年岁已老，命在旦夕之间，竟然不能等待而要杀死你！"接着对献公说："太子所以要这样做，不过是因为我和奚齐的缘故，我希望我们母子两人能避难于他国，或者早点自杀，免得我们母子白白地被太子残害。当初君王想废掉太子，我还感到遗憾；到现在，我在这件事上，认为自己大错特错了。"太子听到这些话，立即奔回新城曲沃，献公大怒，就将太子的老师杜原款杀了。有人对太子说："下毒药的人就是骊姬呀！太子为何不亲自去说明这件事呢？"太子说："我父王年纪已老，没有骊姬，睡也睡不安，饮食也无味，如果辩说，国君就会发怒。不行的。"有人又向太子说："太子可以逃到其他国家去。"太子说："背着这样大的恶名出奔，还有谁会接纳我呢？我自杀算了！"十二月戊申这一天，太子申生即在新城自杀。

【原文】

　　　　此时重耳、夷吾来朝。人或告骊姬曰："二公子怨骊姬谮杀太子。"骊姬恐，因谮二公子："申生之药胙，二公子知之。"二子闻之，恐，重耳走蒲，夷吾走屈，保其城，自备守。初，献公使士𫇭为二公子筑蒲、屈城，弗就。夷吾以告公，公怒士𫇭。士𫇭谢曰："边城少寇，安用之？"退而歌曰："狐裘蒙茸，一国三公，吾谁适从！"卒就城。及申生死，二子亦归保其城。

【译文】

　　这时重耳、夷吾来朝见献公，有人向骊姬说："这两位公子都恨你进谗言害死太子。"骊姬害怕，因此向献公说两个公子的坏话："太子申生往祭肉里放毒药，两位公子预先都知道。"两位公子听到这个消息，十分恐惧，重耳即逃回蒲邑，夷吾则逃回屈邑，各据城邑，亲自布置防守。当初，献公派士𫇭为二公子建筑蒲城与屈城，没有成功，夷吾因此报告献公，献公责怪士𫇭，士𫇭谢罪说："边城很少有贼寇，修建城墙干什么用呢？"退朝以后，随口作歌唱道："狐皮袍子的毛乱蓬蓬，一国之内三个君，我究竟将归从谁呢？"最后还是将城墙建好，等申生死后，二公子也回去防守他们的城池。

【原文】

　　　　二十二年，献公怒二子不辞而去，果有谋矣，乃使兵伐蒲。蒲人之宦者履鞮命重耳促自杀。重耳逾垣，宦者追斩其衣祛。重耳遂奔翟。使人伐屈，屈城守，不可下。

【译文】

　　二十二年，献公愤怒二公子都不告而别，认为他们果真有谋反的意思，就发兵讨伐蒲邑。蒲邑的履鞮是位宦官，他命重耳赶快自杀。重耳爬墙逃走，宦官紧追不舍，砍断了他的衣服袖子，重耳于是就逃奔到翟国去。献公又派人去攻打屈邑，屈邑守得很牢固，久攻不下。

【原文】

是岁也，晋复假道于虞以伐虢。虞之大夫宫之奇谏虞君曰："晋不可假道也，是且灭虞。"虞君曰："晋我同姓，不宜伐我。"宫之奇曰："太伯、虞仲，太王之子也。太伯亡去，是以不嗣。虢仲、虢叔，王季之子也，为文王卿士，其记勋在王室，藏于盟府。将虢是灭，何爱于虞？且虞之亲能亲于桓、庄之族乎？桓、庄之族何罪，尽灭之。虞之与虢，唇之与齿，唇亡则齿寒。"虞公不听，遂许晋。宫之奇以其族去虞。其冬，晋灭虢，虢公丑奔周。还，袭灭虞，虏虞公及其大夫井伯、百里奚，以媵秦穆姬，而修虞祀。荀息牵曩所遗虞屈产之乘马奉之献公，献公笑曰："马则吾马，齿亦老矣！"

【译文】

就在这一年，晋国又向虞国借道去攻打虢国。虞国的大夫宫之奇劝虞君说："千万不要轻易借道给晋国，这样做会灭亡虞国。"虞君说："晋国与我同姓，不应该讨伐我们。"宫之奇说："太伯与虞仲都是周太王的儿子，太伯逃亡了，因此没有继承君位。虢仲与虢叔是王季的儿子，曾为文王卿士，他们的功勋记载在朝廷，藏在保存盟书的官府。如将虢国灭掉，怎会爱惜虞国呢？而且虞国和晋国的关系能比桓叔、庄伯的亲族更密切吗？桓叔与庄伯的子孙究竟有什么罪过，全部消灭了他们。虞

作宝尊彝鬲　西周早期。
通高16厘米，宽13.5厘米，重0.92千克。

国与虢国，就像嘴唇与牙齿，没有嘴唇，牙齿就会感到寒凉。"虞公不听，即答应借道给晋，宫之奇带着他的族人离开虞国。这年冬年，晋国灭亡虢国，虢公丑逃到京师。晋军回师顺道偷袭灭了虞国，俘虏了虞公及其大夫井伯与百里奚，作为献公女儿嫁给秦穆公的陪嫁人，而派人办理虞国的祭祀。荀息牵回以前贿赂给虞公的屈产良马，奉还献公，献公笑道："马还是我的马，就是齿龄老了！"

【原文】

二十三年，献公遂发贾华等伐屈，屈溃。夷吾将奔翟。冀芮曰："不可，重耳已在矣，今往，晋必移兵伐翟，翟畏晋，祸且及。不如走梁。梁近于秦，秦强，吾君百岁后可以求入焉。"遂奔梁。二十五年，晋伐翟，翟以重耳故，亦击晋于啮桑，晋兵解而去。

【译文】

二十三年，献公又派贾华等去打屈邑，屈邑溃败。夷吾想逃往翟国，晋大夫冀芮说："不行，重耳已经在那里了。你如果再去，晋军必定转移军队来征讨翟国。翟国怕晋军攻击，灾祸必然降临到我们头上，不如逃到梁国，梁国靠近秦国，秦国强大，我们的君主死后，可以请求秦人送你回国。"于是就逃往梁国。二十五年，晋军攻伐翟国，翟国因重耳的缘故，也在啮桑攻打晋国，晋国撤兵退回。

【原文】

当此时，晋强，西有河西，与秦接境，北边翟，东至河内。

【译文】

这个时候，晋国国势甚强，西边拥有河西地区，与秦国接壤，北面与翟国相邻，东方到达河内地区。

【原文】

骊姬弟生悼子。

【译文】

骊姬的妹妹为献公生了悼子。

【原文】

二十六年夏，齐桓公大会诸侯于葵丘。晋献公病，行后，未至，逢周之宰孔。宰孔曰："齐桓公益骄，不务德而务远略，诸侯弗平。君弟毋会，毋如晋何。"献公亦病，复还归。病甚，乃谓荀息曰："吾以奚齐为后，年少，诸大臣不服，恐乱起，子能立之乎？"荀息曰："能。"献公曰："何以为验？"对曰："使死者复生，生者不惭，为之验。"于是遂属奚齐于荀息。荀息为相，主国政。

【译文】

二十六年夏天，齐桓公在葵丘大会诸侯，晋献公因为有病，动身迟了，来不及到盟会的地方，遇上了周王室的宰孔，宰孔说："齐桓公日益骄横，不致力修德，却尽力经略远方，诸侯都感到不平，君王还是不去会盟好，他不能把晋国怎么样。"献公也因病重，就回去了，后来病得非常严重，就对荀息说："我将奚齐定为继承人，他年纪小，大臣不服从，恐怕发生内乱，你能够拥立他吗？"荀息说："能。"献公说："用什么来证明呢？"荀息回答道："一定让您死之安心，好像还活着一样，让活人看到我的忠诚，不替我感到羞愧，来作为验证。"于是献公即将奚齐托付给荀息。荀息担任国相，主持国政。

【原文】

秋九月，献公卒。里克、邳郑欲内重耳，以三公子之徒作乱，谓荀息曰："三怨将起，秦、晋辅之，子将何如？"荀息曰："吾不可负先君言。"十月，里克杀奚齐于丧次，献公未葬也。荀息将死之，或曰不如立奚齐弟悼子而傅之，荀息立悼子而葬献公。十一月，里克弑悼子于朝，荀息死之。君子曰："《诗》所谓'白珪之玷，犹可磨也；斯言之玷，不可为也'，其荀息之谓乎！不负其言。"初，献公将伐骊戎，卜曰"齿牙为祸"。及破骊戎，获骊姬，爱之，竟以乱晋。

【译文】

秋天九月，晋献公去世，里克与邳郑想迎接重耳回国，由于三公子的党徒作乱，就对荀息说："三个怨家将要起来，外有秦国，内有晋国人辅佐，你将怎么办？"荀息说："我不能违背先君的遗言。"十月，里克在守丧的地方将奚齐杀死，献公还没有安葬，荀息准备去死，有人说："不如立奚齐的弟弟悼子并辅佐他。"于是荀息拥立悼子，并埋葬了献公。十一月里克又在朝堂上杀了悼子，荀息也死了。君子说："《诗经·大雅》所说的'白珪上的斑点，还可磨去；话说错了，不可以挽救。'这话就像是说荀息呀！他没有违背他的诺言。"当初，献公将攻伐骊戎，占卦说："谗言为祸。"后来攻下骊戎，获得骊姬，宠爱她，终于因此祸乱晋国。

【原文】

　　里克等已杀奚齐、悼子，使人迎公子重耳于翟，欲立之。重耳谢曰："负父之命出奔，父死不得修人子之礼侍丧，重耳何敢入！大夫其更立他子。"还报里克，里克使迎夷吾于梁。夷吾欲往，吕省、郤芮曰："内犹有公子可立者而外求，难信。计非之秦，辅强国之威以入，恐危。"及使郤芮厚赂秦，约曰："即得入，请以晋河西之地与秦。"及遗里克书曰："诚得立，请遂封子于汾阳之邑。"秦穆公乃发兵送夷吾于晋。齐桓公闻晋内乱，亦率诸侯如晋。秦兵与夷吾亦至晋，齐乃使隰朋会秦俱入夷吾，立为晋君，是为惠公。齐桓公至晋之高梁而还归。

【译文】

　　里克等人已经杀了奚齐与悼子，派人到翟国迎接公子重耳，想拥立他为国君。重耳谢绝道："辜负父亲的命令出奔国外，父亲死了，不能尽做儿子的礼仪守丧，我岂敢回到晋国继位，大夫还是改立别的公子。"使者回报里克，里克又派人到梁国去接夷吾，夷吾很想回国，吕省与郤芮劝说："国内还有可以继位的公子，却到国外来寻找，实在使人难以相信，估计如果不去秦国借强国的威力帮助回国，恐有危险。"于是即派郤芮带着厚礼贿赂秦人，预先许诺说："如果能够回国继位，愿把晋河西的土地割给秦国。"同时又写信给里克说："果真能被立为君，愿将汾阳的城邑封给你。"于是秦穆公派兵护送夷吾到晋国，齐桓公听说晋国发生内乱，也率领诸侯前往晋国。秦兵和夷吾也到达晋国，齐国派隰朋会同秦国一起将夷吾送回晋国，立为晋君，这就是惠公。齐桓公到达晋国的高梁就回去了。

惠公夷吾元年，使邳郑谢秦曰："始夷吾以河西地许君，今幸得入立。大臣曰：'地者先君之地，君亡在外，何以得擅许秦者？'寡人争之，弗能得，故谢秦。"亦不与里克汾阳邑，而夺之权。四月，周襄王使周公忌父会齐、秦大夫共礼晋惠公。惠公以重耳在外，畏里克为变，赐里克死，谓曰："微里子，寡人不得立。虽然，子亦杀二君一大夫，为子君者不亦难乎？"里克对曰："不有所废，君何以兴？欲诛之，其无辞乎？乃言为此！臣闻命矣。"遂伏剑而死。于是邳郑使谢秦未还，故不及难。

【译文】

惠公夷吾元年，派邳郑向秦国去道歉说："开始我把河西的土地许给君王，现在侥幸能够回国即位，但大臣们说：'土地是先君的土地，您流亡在外，怎么能擅自许让给秦国？'我虽然极力争取，却得不到大臣的支持，所以向秦国道歉。"也不把汾阳的城邑封给里克，而且夺去他的权力。四月里，周襄王派周公忌父会合齐国与秦国的大夫共同拜访晋惠公。惠公因为重耳流亡在外，害怕里克发动政变，赐里克自杀，并对他说："没有里克我不能登位，虽然如此，但您也杀死了两位君王和一位大夫，做您的国君的人，不为难吗？"里克回答说："没有被废弃的，国君你怎么兴起呢？要杀掉我，难道没有借口吗？竟说为了这个！我听从命令就是了！"于是伏剑自杀。这时邳郑被派到秦国去道歉，还没回国，所以没有遇难。

【原文】

晋君改葬恭太子申生。秋，狐突之下国，遇申生，申生与载而告之曰："夷吾无礼，余得请于帝，将以晋与秦，秦将祀余。"狐突对曰："臣闻神不食非其宗，君其祀毋乃绝乎？君其图之。"申生曰："诺，吾将复请帝。后十日，新城西偏将有巫者见我焉。"许之，遂不见。及期而往，复见，申生告之曰："帝许罚有罪矣，弊于韩。"儿乃谣曰："恭太子更葬矣，后十四年，晋亦不昌，昌乃在兄。"

【译文】

　　晋君改葬恭太子申生。秋天，狐突到曲沃去，碰见申生，申生让狐突上车同坐，并告诉他说："夷吾无礼，我得请求天帝，将把晋国送给秦国，秦国将会祭祀我。"狐突回答道："我听说神不吃非其族人的祭品，您的祭祀难道不会断绝吗？请你仔细考虑一下。"申生说："是，我将再向天帝请求。十天以后，新城曲沃的西边，将有个巫师显现的神灵。"狐突答应以后，申生就不见了。等到狐突按期前往，又见到了申生，申生说："天帝答应惩罚有罪的人，会在韩原大败。"当时有童谣唱道："恭太子改葬了，过后十四年，晋国也不会昌盛，昌盛会在他哥哥的时候。"

【原文】

　　　　邳郑使秦，闻里克诛，乃说秦穆公曰："吕省、郤称、冀芮实为不从。若重赂与谋，出晋君，入重耳，事必就。"秦穆公许之，使人与归报晋，厚赂三子。三子曰："币厚言甘，此必邳郑卖我于秦。"遂杀邳郑及里克、邳郑之党七舆大夫。邳郑子豹奔秦，言伐晋，穆公弗听。

【译文】

　　邳郑出使在秦，听说里克被杀，于是对秦穆公说："吕省、郤称、冀芮三人确实不肯把河西土地给秦国，如果用重金贿赂，跟他们商量，驱逐晋君，护送重耳回国，事情一定成功。"秦穆公答应，派人随邳郑回报晋国，用重金贿赂三人，三人都说："币帛厚重、甜言蜜语，这必定是邳郑在秦时出卖了我们。"于是将邳郑杀死，同时将里克、邳郑的党羽七舆大夫也杀了。邳郑的儿子邳豹逃到秦国，请秦国出兵讨伐晋国，秦穆公不听。

【原文】

　　　　惠公之立，倍秦地及里克，诛七舆大夫，国人不附。

【译文】

　　惠公被立为君以后，违背割给秦国河西地及封里克汾阳城邑的诺言，又杀掉七舆大夫，国人都不亲附。

【原文】

二年，周使召公过礼晋惠公，惠公礼倨，召公讥之。

四年，晋饥，乞籴于秦。穆公问百里奚，百里奚曰："天灾流行，国家代有，救灾恤邻，国之道也。与之。"邳郑子豹曰："伐之。"穆公曰："其君是恶，其民何罪！"卒与粟，自雍属绛。

五年，秦饥，请籴于晋，晋君谋之，庆郑曰："以秦得立，已而倍其地约。晋饥而秦贷我，今秦饥请籴，与之何疑？而谋之！"虢射曰："往年天以晋赐秦，秦弗知取而贷我。今天以秦赐晋，晋其可以逆天乎？遂伐之。"惠公用虢射谋，不与秦粟，而发兵且伐秦。秦大怒，亦发兵伐晋。

六年春，秦穆公将兵伐晋。晋惠公谓庆郑曰："秦师深矣，奈何？"郑曰："秦内君，君倍其赂；晋饥秦输粟！秦饥而晋倍之，乃欲因其饥伐之，其深不亦宜乎！"晋卜御右，庆郑皆吉。公曰："郑不孙。"乃更令步阳御戎，家仆徒为右，进兵。

【译文】

二年，周襄王派召公过拜访惠公，惠公倨傲失礼，召公过讽刺了他。

四年，晋国饥荒，向秦国请求购买粮食，秦穆公问百里奚，百里奚说："天灾流行是各国交替发生的事，救助灾荒，周济邻邦，这是理所应该的，卖给他们吧。"邳郑的儿子邳豹说："讨伐它。"穆公说："它的国君有过错，它的人民有什么罪过！"终于卖给它粮食，从雍城接连不断地运送到绛城。

五年，秦国也闹饥荒，即向晋国请求购买粮食，晋惠公召大臣商讨，大夫庆郑说："君王是靠秦国即位的，不久背叛了割地的诺言，晋国饥荒，秦国卖给我们粮食；现在秦国饥荒，请求购买粮食，给它有什么疑问？还要商量！"虢射说："去年老天将晋国送给秦国，秦国不知夺取，反而卖粮食给我们；现在老天将秦国赐给晋国，晋国难道可以违背天意？不如趁机攻打他们。"惠公用虢射的计策，不卖给秦国粮食，反而派兵去攻打秦国。秦人大怒，也派兵回击。

六年春，秦穆公率兵攻打晋国，晋惠公对庆郑说："秦军已深入国境，怎么办才好？"庆郑说："秦国将君王送回来，君王违背割地的诺言，晋国闹饥荒，秦国输粮救助我们；秦国饥荒，而晋国背弃恩义，竟然想趁秦国饥荒发兵讨伐它，秦兵深入国境，不也是应该的吗？"晋君卜问驾车和护卫的人，庆郑都吉利。惠公说："庆郑对我太不恭顺。"于是改派步阳驾车，家仆徒担任护卫，进兵攻打秦军。

【原文】

　　九月壬戌，秦穆公、晋惠公合战韩原。惠公马骛不行，秦兵至，公窘，召庆郑为御。郑曰："不用卜，败不亦当乎！"遂去。更令梁繇靡御，虢射为右，辂秦穆公。穆公壮士冒败晋军，晋军败，遂失秦穆公，反获晋公以归。秦将以祀上帝。晋君姊为穆公夫人，衰绖涕泣。公曰："得晋侯将以为乐，今乃如此。且吾闻箕子见唐叔之初封，曰'其后必当大矣'，晋庸可灭乎！"乃与晋侯盟王城而许之归。晋侯亦使吕省等报国人曰："孤虽得归，毋面目见社稷，卜日立子圉。"晋人闻之，皆哭。秦穆公问吕省："晋国和乎？"对曰："不和。小人惧失君亡亲，不惮立子圉，曰'必报仇，宁事戎、狄'。其君子则爱君而知罪，以待秦命，曰'必报德'。有此二故，不和。"于是秦穆公更舍晋惠公，馈之七牢。十一月，归晋侯。晋侯至国，诛庆郑，修政教。谋曰："重耳在外，诸侯多利内之。"欲使人杀重耳于狄。重耳闻之，如齐。

【译文】

　　九月壬戌，秦穆公与晋惠公在陕西韩城附近交战。惠公的马陷入泥里，无法前进，眼见秦兵将至，惠公处境很危急，命令庆郑代驾车，庆郑说："不照占卜的去做，失败不也是应当的吗？"说完就离开了，惠公改换梁繇靡驾车，虢射担任护卫，迎击秦穆公，穆公手下壮士奋力击败晋军，晋军败退，就放走了秦穆公，惠公却反被秦军俘虏回去。秦国将要杀死晋惠公祭祀上帝。晋惠公的姐姐是穆公夫人，她身穿丧服痛哭流涕，穆公说："俘虏晋惠公，应该把这看作是快乐的事，你现在竟是这个样子。我听说

箕子看见唐叔刚被封时，曾说：'他的后代一定大有发展'，晋国难道可以灭亡吗？"于是与晋惠公在王城订立盟约，并答应放他回国，晋惠公也派吕省等人向国人报告说："我虽能免难回国，却没有脸面来见社稷，选个吉日让子圉登位。"晋国百姓听到这个话，都哭起来。秦穆公问吕省说："晋国和睦吗？"吕省回道："不和。老百姓害怕失去国君，牺牲父母，不怕立公子圉，并说：'一定要报仇，宁可侍奉戎、狄，也不侍奉秦。'有些君子则爱护惠公，知道对秦国有罪，等待秦国归还国君的命令，并说：'一定要报恩。'因为有这两方面的意见，所以不和睦。"于是秦穆公给晋惠公更换住宿的地方，赠送他七套牲畜。十一月，将晋惠公送回国，晋惠公回国后，将庆郑处死，修明政教。与大臣合谋道："重耳逃亡在外，诸侯多把送他回国登位看作有利可图。"打算派人到狄国去谋杀重耳。重耳听到风声，逃往齐国去了。

【原文】

八年，使太子圉质秦。初，惠公亡在梁，梁伯以其女妻之，生一男一女。梁伯卜之，男为人臣，女为人妾，故名男为圉，女为妾。

【译文】

八年，派太子圉到秦国当人质。当初，惠公逃亡到梁国，梁伯将女儿嫁给他，生下一男一女。梁伯占卜他们的前途，男的做人家的奴仆，女的则为人妾，所以将男孩命名为圉，女孩命名为妾。

梁伯戈 春秋前期，通高17.5厘米，宽9.4厘米，重0.28千克。

【原文】

十年，秦灭梁。梁伯好土功，治城沟，民力罢，怨，其众数相惊，曰"秦寇至"，民恐惑，秦竟灭之。

【译文】

十年，秦国灭梁。梁伯喜好大兴土木，修筑城墙壕沟，百姓疲极怨恨，民众多次互相惊扰说："秦国强盗来了！"百姓恐慌，秦国终将它灭亡。

【原文】

十三年，晋惠公病，内有数子。太子圉曰："吾母家在梁，梁今秦灭之，我外轻于秦而内无援于国。君即

不起，病大夫轻，更立他公子。"乃谋与其妻亡归。秦
女曰："子一国太子，辱在此。秦使婢子侍，以固子之
心。子亡矣，我不从子，亦不敢言。"子圉遂亡归晋。十
四年九月，惠公卒，太子圉立，是为怀公。

【译文】
　　十三年，晋惠公病，国内有几个儿子。太子圉说："我母亲原在梁国，梁
国如今被秦灭了，我外被秦国轻视，内无国人援助，君王如果一病不起，担心
大夫们轻视我，改立其他公子。"于是跟他的妻子商量一同逃回晋国。秦国女
子说："夫君为一国太子，困辱在这里，秦国让我这个婢女侍奉您，用来稳住
您的心，您逃亡了，我不跟随您，也不敢说出去。"太子圉就逃回晋国。十四
年九月，晋惠公去世，太子圉继位，这就是怀公。

【原文】
　　　　子圉之亡，秦怨之，乃求公子重耳，欲内之。子圉
之立，畏秦之伐也，乃令国中诸从重耳亡者与期，期尽
不到者尽灭其家。狐突之子毛及偃从重耳在秦，弗肯
召。怀公怒，囚狐突。突曰："臣子事重耳有年数矣，今
召之，是教之反君也，何以教之？"怀公卒杀狐突。秦
穆公乃发兵送内重耳，使人告栾、郤之党为内应，杀怀
公于高梁，入重耳。重耳立。是为文公。

【译文】
　　当子圉逃回晋国以后，秦王十分愤怒，于是寻找公子重耳，想护送他回国
继位。子圉被立以后，害怕秦国来讨伐。就下令国内所有跟随重耳逃亡的人，
限期必须归国，逾期不归的，将抄斩全家。狐突的儿子狐毛、狐偃，跟随重耳
正在秦国，狐突不愿召他们回来，怀公发怒囚禁狐突。狐突说："我的儿子侍
奉重耳已经有很多年了，现在召他们回来，等于是教他们反叛君王啊，用什么
道理说服他们呢？"怀公大怒，终将狐突杀死。秦穆公就派兵将重耳送回晋国，
事前并派人通报栾枝、郤縠的党羽为内应，在高梁杀了怀公，让重耳回国，重
耳即位，这就是文公。

　　晋文公重耳，晋献公之子也。自少好士，年十七，有贤士五人：曰赵衰；狐偃咎犯，文公舅也；贾佗；先轸；魏武子。自献公为太子时，重耳固已成人矣。献公即位，重耳年二十一。献公十三年，以骊姬故，重耳备蒲城守秦。献公二十一年，献公杀太子申生，骊姬谗之，恐，不辞献公而守蒲城。献公二十二年，献公使宦者履鞮趣杀重耳。重耳逾垣，宦者逐斩其衣祛。重耳遂奔狄。狄，其母国也。是时重耳年四十三，从此五士，其余不名者数十人，至狄。

【译文】

　　晋文公重耳，是晋献公的儿子。从小就喜爱结交贤士，十七岁时，就有贤士五人，他们是赵衰、重耳的舅舅狐偃咎犯、贾佗、先轸、魏武子。当献公还是太子时，重耳本来已经成年了；献公即位为君，重耳二十一岁。献公十三年，由于骊姬的缘故，重耳被发落到蒲邑防备秦国。献公二十一年，献公杀太子申生，骊姬谗害重耳，重耳害怕，与献公不辞而别就去驻守蒲邑。献公二十二年，献公派宦官履鞮赶快去杀重耳，重耳翻墙逃走，宦官在后追赶，将重耳衣袖砍断一截，重耳就逃奔到狄国去。狄国是他母亲的祖国，当时重耳已经四十三岁了，除有上述五位贤士跟随以外，其余不知名尚有数十人。到达狄国。

【原文】

　　狄伐咎如，得二女。以长女妻重耳，生伯鯈、叔刘；以少女妻赵衰，生盾。居狄五岁而晋献公卒，里克已杀奚齐、悼子，乃使人迎，欲立重耳。重耳畏杀，因固谢，不敢入。已而晋更迎其弟夷吾立之，是为惠公。惠公七年，畏重耳，乃使宦者履鞮与壮士欲杀重耳。重耳闻之，乃谋赵衰等曰："始吾奔狄，非以为可用兴，以近易通，故且休足。休足久矣，固愿徙之大国。夫齐桓公好善，志在霸王，收恤诸侯。今闻管仲、隰朋死，此亦欲得贤佐，盍往乎？”于是遂行。重耳谓其妻曰：“待我二十五年不来，乃嫁。”其妻笑曰：“犁二十五年，吾冢上柏大矣。虽然，妾待子。”重耳居狄凡十二年而去。

【译文】

　　狄国征讨咎如，得到两个女子，长女嫁给重耳，生下伯儵和叔刘两子。次女嫁给赵衰，生下赵盾。在狄国住了五年，晋献公去世。里克已杀了奚齐与悼子，就派人前去迎接重耳，想立他为君。重耳畏惧被杀，所以坚决辞谢，不敢回去。不久晋人另迎他的弟弟夷吾立以为君，这就是惠公。惠公七年，畏惧重耳，就派宦官履鞮带着壮士一起去刺杀重耳，重耳听到风声，就跟赵衰等人谋划道：“当初我逃奔到狄国来，并不是认为狄国可以依靠作支援，而是因为隔得近，容易到达，所以暂且在此歇脚。歇脚久了，本来希望迁移到大国去。据说齐桓公喜欢行善事，志在称霸，推行王道，收留抚恤诸侯。现在听说管仲、隰朋已死，这时也想得到贤能的辅佐，何不前往呢？”于是就动身了。重耳对他的妻子说：“等我二十五年不来，你就改嫁。”妻子笑答：“等你二十五年，我坟上的柏树已经长大了。虽然如此，我还是等待你。”重耳在狄国一共住了十二年才离开。

【原文】

　　过卫，卫文公不礼。去。过五鹿，饥而从野人乞食，野人盛土器中进之。重耳怒。赵衰曰：“土者，有土也，君其拜受之。”

　　至齐，齐桓公厚礼，而以宗女妻之，有马二十乘，重耳安之。重耳至齐二岁而桓公卒，会竖刁等为内乱，齐孝公之立，诸侯兵数至。留齐凡五岁。重耳爱齐女，毋去心。赵衰、咎犯乃于桑下谋行。齐女侍者在桑上闻之，以告其主。其主乃杀侍者，劝重耳趣行。重耳曰：“人生安乐，孰知其他！必死于此，不能去。”齐女曰：“子一国公子，穷而来此，数士者以子为命。子不疾反国，报劳臣，而怀女德，窃为子羞之。且不求，何时得功？”乃与赵衰等谋，醉重耳，载以行。行远而觉，重耳大怒，引戈欲杀咎犯。咎犯曰："杀臣成子，偃之愿也。"重耳曰："事不成，我食舅氏之肉。"咎犯曰："事不成，犯肉腥臊，何足食！"乃止，遂行。

过曹，曹共公不礼，欲观重耳骈胁。曹大夫釐负羁曰："晋公子贤，又同姓，穷来过我，奈何不礼！"共公不从其谋。负羁乃私遗重耳食，置璧其下。重耳受其食，还其璧。

去，过宋。宋襄公新困兵于楚，伤于泓，闻重耳贤，乃以国礼礼于重耳。宋司马公孙固善于咎犯，曰："宋小国新困，不足以求入，更之大国。"乃去。

过郑，郑文公弗礼。郑叔瞻谏其君曰："晋公子贤，而其从者皆国相；且又同姓，郑之出自厉王，而晋之出自武王。"郑君曰："诸侯亡公子过此者众，安可尽礼！"叔瞻曰："君不礼，不如杀之，且后为国患。"郑君不听。

【译文】

经过卫国，卫文公对他们不礼貌。离去，经过五鹿，肚子饿了，向一个乡野百姓讨吃的，乡野百姓把土放在器皿里送给他。重耳非常生气。赵衰说："泥土，象征着拥有土地，您应当拜受它。"

到达齐国，齐桓公以厚礼接待，并将同宗的女儿嫁给重耳，送他乘马八十匹，重耳安于这种生活。他们到齐国二年，桓公去世，正逢竖刁等作乱，齐孝公登位，诸侯的军队屡次来到。重耳在齐国住了五年，因为很爱齐女，根本没有离开的意思。赵衰、咎犯等人即在桑下谋划回国的大计，齐女的侍者在桑树上听到消息，就告诉齐女。齐女将女侍者杀掉，劝重耳赶快动身。重耳说："人生安乐，哪还知道其他的事情！一定要死在这里不能离开。"夫人说："您是一国的公子，由于困窘来到齐国，多位贤士把命运托在您身上。你不赶紧回国，报答勤苦的臣子，而留恋女色，实在为您羞耻，如不谋求回国，什么时候才能成功？"于是和赵衰等商量，将重耳灌醉，用马车载着他启程。车子走了很远，重耳醒过来，大怒，拿起戈矛要杀咎犯，咎犯说："杀了我，成全您，是我的心愿。"重耳说："如果大事不成，我就吃你的肉。"咎犯

说："事情如果不成，我的肉又腥又臊，怎么能吃！"重耳才罢休，继续前进。

经过曹国，曹共公不以礼接待重耳，想观看重耳并连的肋骨。曹国的大夫釐负羁说："晋公子十分贤能，与我国又属同姓，困窘而来经过我国，为何不以礼相待？"共公不听劝告，负羁就私下馈赠重耳一些食物，并在食物下放一块璧玉。重耳接受了食物，归还璧玉。

离开曹国经过宋国。宋襄公因为新近对楚国用兵受挫，在泓水边受伤，听说重耳十分贤能，就用国君的礼节接待重耳。宋国将军公孙固与咎犯很好，说道："宋是个小国，新近受挫于楚国没有足够的力量护送你们回国，请改往大国去吧！"于是一行即离开宋国。

经过郑国，郑文公不以礼相待。郑叔瞻劝他的国君说："晋公子十分贤能，他的随从个个都是国家的栋梁，并且与我们又是同姓，郑国的祖先是周厉王，晋国的祖先是周武王。"郑君说："诸侯逃亡的公子经过这里的很多，怎么可能都用礼相待？"叔瞻说："君王如果不能以礼相待，不如将他们杀了，以免将来成为郑国的祸患。"郑君不听。

【原文】

重耳去之楚，楚成王以適诸侯礼待之，重耳谢不敢当。赵衰曰："子亡在外十余年，小国轻子，况大国乎？今楚大国而固遇子，子其毋让，此天开子也。"遂以客礼见之。成王厚遇重耳，重耳甚卑。成王曰："子即反国，何以报寡人？"重耳曰："羽毛齿角玉帛，君王所余，未知所以报。"王曰："虽然，何以报不穀？"重耳曰："即不得已，与君王以兵车会平原广泽，请辟王三舍。"楚将子玉怒曰："王遇晋公子至厚，今重耳言不逊，请杀之。"成王曰："晋公子贤而困于外久，从者皆国器，此天所置，庸可杀乎？且言何以易之！"居楚数月，而晋太子圉亡秦，秦怨之；闻重耳在楚，乃召之。成王曰："楚远，更数国乃至晋。秦晋接境，秦君贤，子其勉行！"厚送重耳。

【译文】

重耳离开郑国来到楚国，楚成王用相当于诸侯的礼节接待，重耳辞谢不敢领受。赵衰说："公子在外逃亡已经十多年了，连小的国家都轻视你，何况大国呢？现在楚是大国，如果一定要厚礼相待，公子不要谦让，这是上天要你兴起了。"便以客礼会见楚成王。成王厚礼接待重耳，重耳十分谦恭。成王说："公子如果回国，用什么报答我？"重耳说："珍禽异兽、玉器丝绸都是君王多余的东西，真不知用什么来报答？"成王说："虽然如此，到底用什么报答我？"重耳说："实在不得已，跟君王在平原湖沼地带兵戎相见，愿意退避三舍。"楚将子玉听了很生气地说："君王对晋公子如此隆重，重耳却出言不逊，请杀了他！"成王说："晋公子十分贤能，在外又受困许多年，跟随的人都是治国的人才，这是老天有意安排的，难道可以杀吗？再说，他的话究竟该怎么说呢？"在楚国住了几个月，正好晋太子圉逃离秦国，秦人恨他，听说重耳在楚国，于是邀请他。成王说："楚国隔得远，要经过几个国家才能到晋国，秦晋国土相连，秦王又贤明，您好好去吧！"送了很多礼物给重耳。

【原文】

重耳至秦，穆公以宗女五人妻重耳，故子圉妻与往。重耳不欲受，司空季子曰："其国且伐，况其故妻乎！且受以结秦亲而求入，子乃拘小礼，忘大丑乎！"遂受。穆公大欢，与重耳饮。赵衰歌《黍苗》诗。穆公曰："知子欲急反国矣。"赵衰与重耳下，再拜曰："孤臣之仰君，如百谷之望时雨。"

【译文】

重耳到达秦国，秦穆公把同宗的五位女子嫁给他，原来公子圉的妻子也在其中，重耳不想接受。司空季子说："他的国家尚且要去征伐，何况他的前妻呢？而且接受了可以和秦国结亲，有利于求助他送你回国，你何必拘泥小礼节，忘掉了大耻辱呀！"重耳就接受了。穆公非常高兴，设盛宴款待重耳，赵衰在席中朗诵《黍苗》诗。穆公说："我知道公子很想回国了！"赵衰与重耳离座，连拜两次说："孤臣仰仗您，就像庄稼盼望甘霖一样。"

【原文】

是时晋惠公十四年秋。惠公以九月卒，子圉立。十一月，葬惠公。十二月，晋国大夫栾、郤等闻重耳在秦，皆阴来劝重耳、赵衰等反国，为内应甚众。于是秦穆公乃发兵与重耳归晋。晋闻秦兵来，亦发兵拒之。然皆阴知公子重耳入也。惟惠公之故贵臣吕、郤之属不欲立重耳。重耳出亡凡十九岁而得入，时年六十二矣，晋人多附焉。

【译文】

这时是晋惠公十四年秋，惠公在九月去世，子圉被立为君。十一月，安葬惠公。十二月，晋国大夫栾枝、郤谷等，听说重耳在秦，都暗中来劝重耳、赵衰等回国，愿意做内应的人很多。于是秦穆公即派兵送重耳回晋，晋国听说秦军来临，也派兵抵抗。然而大家都暗中知道是公子重耳回国来了。国中只有惠公的故旧贵臣吕甥、郤芮那班人，不愿拥立重耳。重耳出国逃亡共十九年才回国，当时已经六十二岁了，大多数晋人都拥护他。

【原文】

文公元年春，秦送重耳至河。咎犯曰："臣从君周旋天下，过亦多矣。臣犹知之，况于君乎？请从此去矣。"重耳曰："若反国，所不与子犯共者，河伯视之！"乃投璧河中，以与子犯盟。是时介子推从，在船中，乃笑曰："天实开公子，而子犯以为己功而要市于君，固足羞也。吾不忍与同位。"乃自隐。渡河，秦兵围令狐。晋军于庐柳。

【译文】

文公元年春天，秦军送重耳到黄河边。咎犯说："臣子跟随君王流亡天下，犯了许多错误。臣下自己都知道，何况君王呢？请让我从此离开您吧！"重耳道："如果我回到晋国，有不与子犯共同心处，河神明察！"于是将璧玉投入河中，作为与子犯盟誓的信物。当时介子推随从在船中，便笑道："实在是上天开导使公子兴盛，子犯还以为是他的功劳，竟向君主讨价，真是可耻，我不愿和他同位共事。"于是就自己隐藏起来，渡过黄河。秦军围困令狐，晋军则驻在庐柳。

田告方鼎 西周早期。通高15.6厘米，宽15厘米，重1.68千克。出土于陕西宝鸡。

【原文】

　　二月辛丑，咎犯与秦、晋大夫盟于郇。壬寅，重耳入于晋师。丙午，入于曲沃。丁未，朝于武宫，即位为晋君，是为文公。群臣皆往。怀公围奔高梁。戊申，使人杀怀公。

【译文】

　　二月辛丑，咎犯与秦、晋双方大夫在郇城订盟。壬寅，重耳进入晋国军中。丙午日到达曲沃。丁未日，到武宫朝拜，随即就位为晋君，这就是文公。群臣都来到曲沃。怀公围逃奔到高梁。戊申，派人将怀公杀了。

【原文】

　　怀公故大臣吕省、郤芮本不附文公，文公继位，恐诛，乃欲与其徒谋烧公宫，杀文公。文公不知。始尝欲杀文公宦者履鞮知其谋，欲以告文公，解前罪，求见文公。文公不见，使人让曰："蒲城之事，女斩予祛。其后我从狄君猎，女为惠公来求杀我。惠公与女期三日至，而女一日至，何速也？女其念之。"宦者曰："臣刀锯之余，不敢以二心事君倍主，故得罪于君。君已反国，其毋蒲、翟乎？且管仲射钩，桓公以霸。今刑余之人以事告而君不见，祸又且及矣。"于是见之，遂以吕、郤等告文公。文公欲召吕、郤，吕、郤等党多，文公恐初入国，国人卖己，乃为微行，会秦穆公于王城，国人莫知。三月己丑，吕、郤等果反，焚公宫，不得文公。文公之卫徒与战，吕、郤等引兵欲奔，秦穆公诱吕、郤等，杀之河上，晋国复而文公得归。夏，迎夫人于秦，秦所与文公妻者卒为夫人。秦送三千人为卫，以备晋乱。

【译文】

　　怀公旧有的大臣吕省、郤芮本不亲附文公，文公继位后，他们恐怕被杀，就想跟他们的党徒将文公宫室放火烧掉，杀死文公。文公不知道，以前曾经要杀文公的宦者履鞮知道这事，想将消息报告文公以解脱往日的罪过，请求谒见文公。文公拒绝接见，并使人责骂他说："当年我在蒲城，你砍断我的衣袖。以后我随狄君打猎，又替惠公来追杀我，惠公给你限期三天，你一天就到了，行动为什么这样快呢？你想想这些吧。"宦者说："我是受过宫刑的人，不敢怀二心来侍奉君王违背主上，所以得罪了您。君王已经返回继位，难道说就没有像蒲城与狄国一样的灾难了吗？而且管仲当年曾射中桓公的皮带钩，桓公靠着管仲的辅佐而称霸于诸侯，现在一个受过刑的人有要事相告，君王却不愿接见，灾祸不久又要降临了。"于是文公接见他，履鞮就把吕省、郤芮等的阴谋报告文公。文公想召见吕省、郤芮，吕、郤等党羽极多，文公害怕刚刚回国，国中人可能出卖他，于是改将暗地出行，到王城会见秦穆公，晋国人都不知道。三月己丑，吕省、郤芮等果然放火焚烧王宫，却不见文公，文公的卫士同他们作战，吕、郤等率兵想逃，秦穆公引诱他们，在黄河边把他们杀了。晋国恢复平静，文公才得返回。夏季，文公到秦国去迎接夫人，当年秦穆公送给文公做妻子的，终于成为文公的正式夫人。秦国送三千人为文公的护卫队，用来防备晋国的叛乱。

【原文】

文公修政，施惠百姓。赏从亡者及功臣，大者封邑，小者尊爵。未尽行赏，周襄王以弟带难出居郑地，来告急晋。晋初定，欲发兵，恐他乱起，是以赏从亡，未至隐者介子推。推亦不言禄，禄亦不及。推曰："献公子九人，惟君在矣。惠、怀无亲，外内弃之；天未绝晋，必将有主，主晋祀者，非君而谁？天实开之，二三子以为己力，不亦诬乎？窃人之财，犹曰是盗，况贪天之功以为己力乎？下冒其罪，上赏其奸，上下相蒙，难与处矣！"其母曰："盍亦求之，以死谁怼？"推曰："尤而效之，罪有甚焉。且出怨言，不食其禄。"母曰："亦使知之，若何？"对曰："言，身之文也；身欲隐，安用文之？文之，是求显也。"其母曰："能如此乎？与女偕隐。"至死不复见。

【译文】

文公修明政治，对百姓广施恩惠。并犒赏跟随他流亡的贤士与功臣，功劳大的，封给土地；功劳小的尊崇拜爵。还没有全部行赏，周襄王因为弟弟叔带作乱逃奔到郑国，来向晋国告急。晋国刚安定，本想出兵协助，又恐产生其他祸乱，因此犒赏跟随出奔的贤士，没有轮到隐者介子推。介子推不向文公要求俸禄，俸禄也没有轮到他。介子推说："献公有九个儿子，只有主君还在，惠公、怀公没有亲信，国内外都唾弃他，上天没有绝灭晋国，晋国必将有主，主持晋国祭祀的，除了主君以外还有谁呢？实在是上天兴发他，可是跟随你的两三个人以为是自己的功劳，不也是欺骗吗？偷人财物，还说他是强盗，何况贪求上天的功劳而把它当作自己的力量呢？臣子掩盖他们的罪过，君王奖赏他们的奸诈，君臣互相欺骗，实在很难与他们共处。"他的母亲说："何不也去求一求，用死来怨恨谁呢？"介子推说："明知是错，自己还仿效他们，罪过更加深重，何况已经说出了怨恨的话，绝不会再享受他们的俸禄。"他的母亲说："也让他知道真相，怎么样？"介子推回答说："言语是一个人身体的外表修饰，身体要隐藏，何必还去修饰呢？如果修饰它，这就是追求显达呀。"他的母亲说："果真这样吗？我就和你一起归隐吧！"到死也没有再露面。

【原文】

介子推从者怜之，乃悬书宫门曰："龙欲上天，五蛇为辅。龙已升云，四蛇各入其宇，一蛇独怨，终不见处所。"文公出，见其书，曰："此介子推也。吾方忧王室，未图其功。"使人召之，则亡。遂求所在，闻其入绵上山中，于是文公环绵上山中而封之，以为介推田，号曰介山，"以记吾过，且旌善人"。

【译文】

介子推的从者可怜他，于是在宫门上悬挂了一幅字，写道："龙想登天，五蛇辅佐，龙已升入云霄，四蛇各得其所，一蛇独自埋怨，终于见不到它的住所。"文公出门看见这张字条，即说："这是介子推，我正为王室忧愁，还没来得及考虑他的功劳。"派人去请他，却已离去。于是找他可能的栖身处，听说已进入绵上山中。于是文公把绵上山中周围的土地封给介子推，称为介山，并说："用来表明我的过失，并且表彰善人。"

史斿父鼎　西周早期。通高41厘米，宽19.5厘米，重2.52千克。

【原文】

从亡贱臣壶叔曰："君三行赏，赏不及臣，敢请罪。"文公报曰："夫导我以仁义，防我以德惠，此受上赏。辅我以行，卒以成立，此受次赏。矢石之难，汗马之劳，此复受次赏。若以力事我而无补吾缺者，此复受次赏。三赏之后，故且及子。"晋人闻之，皆说。

【译文】

跟随重耳流亡的贱臣壶叔说："君王三次行赏，都没我的份，斗胆前来请罪。"文公回答说："用仁义引导我，用德惠防止我的过错，这种人应该受上等赏赐。用行动辅佐我，使我终于成功立业，这种人受次一等的赏赐。冒矢石的危险，立下汗马功劳，这种人受再次一等的赏赐。至于用劳力侍奉我，无补于我的过失的人，这种人受更次一等的赏赐。等到三次行赏以后，一定会轮到您。"晋人听到这事，都很高兴。

兽面纹鼎　西周早期。通高41.4厘米，宽33.7厘米，重18.52千克。

【原文】

二年春，秦军河上，将入王。赵衰曰："求霸莫如入王尊周，周、晋同姓，晋不先入王，后秦入之，毋以令于天下。方今尊王，晋之资也。"三月甲辰，晋乃发兵至阳樊，围温，入襄王于周。四月，杀王弟带。周襄王赐晋河内阳樊之地。

【译文】

二年春，秦军驻扎在黄河边，想送周襄王回周京。赵衰说："要想称霸诸侯，没有比送回周天子、尊重周室更重要的了，周、晋同姓，晋国不先护送周天子回京师，而让秦国送他回去，你就没有资格号令天下，当今尊重周王是晋国的资本。"三月甲辰，晋国派兵到周的阳樊邑，包围温国，将襄王护送回周京。四月，杀襄王的弟弟叔带，周襄王把河内阳樊之地赏赐给晋国。

【原文】

四年，楚成王及诸侯围宋，宋公孙固如晋告急。先轸曰："报施定霸，于今在矣。"狐偃曰："楚新得曹而初婚于卫，若伐曹、卫，楚必救之，则宋免矣。"于是晋作三军。赵衰举郤縠将中军，郤臻佐之，使狐偃将上军，狐毛佐之；命赵衰为卿；栾枝将下军，先轸佐之。荀林父御戎，魏犨为右。往伐。冬十二月，晋兵先下山东，而以原封赵衰。

【译文】

四年，楚成王与诸侯围攻宋国，宋公孙固到晋国来求救。先轸说："报答宋国赠马的恩惠确立霸业，就在今天了。"狐偃说："楚国刚得到曹国，又才与卫国结为婚姻，如果我们派兵去攻打曹、卫，楚兵一定前往援救，这样宋国就可以解围了。"于是晋国开始建立三军，赵衰推举郤縠为中军元帅，郤臻辅佐他；派狐偃统率上军，狐毛辅佐他；任命赵衰为卿，栾枝统帅下军，先轸辅佐他；荀林父驾驭文公的兵车，魏犨担任护卫：三军前往讨伐。冬十二月，晋兵先攻下太行山以东地方，并以原邑封给赵衰。

【原文】

五年春，晋文公欲伐曹，假道于卫，卫人弗许。还自河南度，侵曹，伐卫。正月，取五鹿。二月，晋侯、齐侯盟于敛盂。卫侯请盟晋，晋人不许。卫侯欲与楚，国人不欲，故出其君以说晋。卫侯居襄牛，公子买守卫。楚救卫，不卒。晋侯围曹。三月丙午，晋师入曹，数之，以其不用釐负羁言，而用美女乘轩者三百人也。令军毋入釐负羁宗家以报德。楚围宋，宋复告急晋。文公欲救则攻楚，为楚尝有德，不欲伐也；欲释宋，宋又尝有德于晋。患之。先轸曰："执曹伯，分曹、卫地以与宋，楚急曹、卫，其势宜释宋。"于是文公从之，而楚成王乃引兵归。

【译文】

五年春，晋文公想攻打曹国，向卫国借路，卫人不答应。转回来从黄河南渡，侵袭曹国，攻打卫国。正月，攻占了卫国的五鹿。二月，晋君、齐君在卫国的敛盂订立盟约。卫侯请求与晋国结盟，晋人不答应。卫侯想跟楚国结盟，国都内的民众都不愿意，因此驱逐他们的国君来讨好晋国。卫侯住在襄牛，公子买驻守卫国。楚军前来援救卫国，却来不及了。晋文公围困曹国。三月丙午，晋军进入曹都，斥责其不听贤大夫釐负羁的话，却让三百名美女乘坐豪华的车子。下令军队，不得攻打釐负羁和围攻其宗族以报答当年的恩德。楚军围攻宋国，宋又向晋国告急。文公想去救宋，就必须攻打楚国，而楚国对他曾有恩德，不想去进攻。想不援救宋国，宋曾对他有恩，进退两难，不知如何是好。先轸说："捉住曹伯，分曹、卫的土地给宋国，楚国急于救曹、卫两国，在这种形势下会解除对宋国的包围。"于是文公听从他的计谋，楚成王便引兵回国了。

【原文】

楚将子玉曰："王遇晋至厚，今知楚急曹、卫而故伐之，是轻王。"王曰："晋侯亡在外十九年，困日久矣，果得反国，险厄尽知之，能用其民，天之所开，不可当。"子玉请曰："非敢必有功，愿以间执谗慝之口也。"楚王怒，少与之兵。于是子玉使宛春告晋："请复卫侯而封曹，臣亦释宋。"咎犯曰："子玉无礼矣，君取一，臣取二，勿许。"先轸曰："定人之谓礼。楚一言定三国，子一言而亡之，我则毋礼。不许楚，是弃宋也。不如私许曹、卫以诱之，执宛春以怒楚，既战而后图之。"晋侯乃囚宛春于卫，且私许复曹、卫。曹、卫告绝于楚。楚得臣怒，击晋师，晋师退。军吏曰："为何退？"文公曰："昔在楚，约退三舍，可倍乎！"楚师欲去，得臣不肯。

【译文】

楚将子玉说："君王对晋侯极为厚道，如今明知楚国急于拉拢曹、卫，却故意攻打他们，简直是轻视君王。"楚王说："晋侯在外流亡十九年，遭受困窘的时间很久了，如今得以回国，险阻艰难可想而知，能够使用他的人民，这是上天要兴发他，谁也阻止不了。"子玉又请求说："虽不敢说此行一定成功，但愿以行动封住善于进说谗言人的嘴。"楚王非常生气，拨给他一些数量少的军队。于是子玉派宛春去通知晋国："请让卫侯复位，保存曹国，我也放弃宋国。"咎犯说："那子玉真是无礼，我君只取其一，楚臣却要求二，不能答应他。"先轸说："安定人民叫作礼，楚人一句话而安定卫、曹、宋三国，而你的一句话灭亡他们，我们才是无礼，不答应楚国人的要求，等于就是抛弃宋国，不如暗中答应曹、卫来引诱楚国，逮捕宛春以激怒楚国，等两国交战之后再做打算。"晋文公就把宛春囚禁在卫国，并私下答应恢复曹、卫。曹、卫宣布跟楚国断绝邦交，楚将得臣(子玉)十分愤怒，攻打晋军。晋军向后退避，晋军官吏问："为什么要退呢？"文公说："以前在楚国，曾答应他们退避三舍，可以违背吗？"楚军想撤退，得臣不肯。

【原文】

四月戊辰，宋公、齐将、秦将与晋侯次城濮。己巳，与楚兵合战，楚兵败，得臣收余兵去。甲午，晋师还至衡雍，作王宫于践土。

【译文】

四月戊辰，宋公、齐将、秦将与晋侯进驻城濮。己巳，与楚兵交战，楚军败，得臣收拾残兵离去。甲午日，晋军回到衡雍，在践土修建王宫。

【原文】

初，郑助楚，楚败，惧，使人请盟晋侯。晋侯与郑伯盟。

【译文】

以前郑国曾帮助楚国，楚国战败后，郑国畏惧晋国的威势，派使者向晋文公请求订盟。晋文公跟郑伯订盟。

团龙纹簋　西周早期。通高15.8厘米，宽27.3厘米，重2.24千克。

【原文】

五月丁未，献楚俘于周，驷介百乘，徒兵千。天子使王子虎命晋侯为伯，赐大辂，彤弓矢百，玈弓矢千，秬鬯一卣，珪瓒，虎贲三百人。晋侯三辞，然后稽首受之。周作《晋文侯命》："王若曰：父义和，丕显文、武，能慎明德，昭登于上，布闻在下，维时上帝集厥命于文、武。恤朕身，继予一人永其在位。"于是晋文公称伯。癸亥，王子虎盟诸侯于王庭。

【译文】

五月丁未，晋侯把楚军俘虏献给周王，披甲驷马共一百乘，步兵千人。天子派王子虎册命晋为诸侯霸主，并赏赐大车、红色弓箭一百副、黑色弓箭一千副、黑黍香酒一坛、玉器及勇士三百人。晋侯三次推辞，然后叩头接受了礼物。周王作《晋文侯命》："王说：您用道义使诸侯和睦，发扬文王、武王的功业，文王、武王能够谨慎地修养美德，感动了上天，在百姓中广泛传播，因此上天把帝王的功业赐给文王、武王，德泽流于子孙。长辈关怀我，让我个人继承祖业，长久在位。"于是晋文公即称霸诸侯。癸亥，王子虎与诸侯盟于践土王庭。

【原文】

晋焚楚军，火数日不息，文公叹。左右曰："胜楚而君犹忧，何？"文公曰："吾闻能战胜安者惟圣人，是以惧。且子玉犹在，庸可喜乎！"子玉之败而归，楚成王怒其不用其言，贪与晋战，让责子玉，子玉自杀。晋文公曰："我击其外，楚诛其内，内外相应。"于是乃喜。

【译文】

晋军焚烧楚军，大火数日不停，文公叹息。侍从们说："战胜楚国而君王还忧虑，为什么呢？"文公说："我听说能战胜敌人而心情安定的，只有圣人，因此恐惧。而且楚将子玉还在，难道可以高兴吗？"子玉战败而回，楚成王恨他不听命令，贪图与晋作战，大加责备，子玉自杀了。晋文公说："我从外面攻击，楚王又自己诛杀大臣，内外互应。"这时文公才喜悦。

【原文】

六月，晋人复入卫侯。壬午，晋侯度河北归国。行赏，狐偃为首。或曰："城濮之事，先轸之谋。"文公曰："城濮之事，偃说我毋失信。先轸曰'军事胜为右'，吾用之以胜。然此一时之说，偃言万世之功，奈何以一时之利而加万世功乎？是以先之。"

【译文】

　　六月，晋国又恢复了卫侯的地位。壬午，晋文公渡河，向北回到国内，即行封赏，狐偃第一。有人不平地说："城濮之役，是先轸的谋略。"文公说："城濮之役，狐偃劝我不要失信。先轸说'用兵以战胜为贵'。我用它获得了胜利。但这不过是一时有利的说法，偃所说的却是千秋万世的功业，怎么能让一时的利益而超越万世的功业呢？因此给狐偃记头功。"

【原文】

　　　　　　冬，晋侯会诸侯于温，欲率之朝周。力未能，恐其有畔者，乃使人言周襄王狩于河阳。壬申，遂率诸侯朝王于践土。孔子读史记至文公，曰："诸侯无召王、王狩河阳者，《春秋》讳之也。"

【译文】

　　冬，晋侯在温城大会诸侯，想率领诸侯朝见周王。担心力量不够，又恐其中有反叛者，即派人请周襄王巡视河阳。壬申，率诸侯到践土朝见周襄王。孔子读史书，读到对晋文公的记载时说："诸侯不能召唤周王、周王巡狩河阳的记载，是《春秋》隐讳这件事。"

【原文】

　　　　　　丁丑，诸侯围许。曹伯臣或说晋侯曰："齐桓公合诸侯而国异姓，今君为会而灭同姓。曹，叔振铎之后；晋，唐叔之后。合诸侯而灭兄弟，非礼。"晋侯说，复曹伯。

【译文】

　　丁丑，诸侯围许，曹伯的大臣中有人劝晋文公说："齐桓公会合诸侯而国家变为异姓的。如今君王会合诸侯却灭亡同姓国家，曹国是叔振铎的后代；晋国是唐叔的后代。会合诸侯而灭亡兄弟，是极不合礼的事。"晋文公听从他，恢复了曹伯的封地。

于是晋始作三行。荀林父将中行，先縠将右行，先
蔑将左行。

晋国此时开始建立三行。荀林父率领中行，先縠率领右行，先蔑率领左行。

七年，晋文公、秦穆公共围郑，以其无礼于文公亡
过时，及城濮时郑助楚也。围郑，欲得叔瞻。叔瞻闻之，
自杀。郑持叔瞻告晋。晋曰："必得郑君而甘心焉。"郑
恐，乃间令使谓秦穆公曰："亡郑厚晋，于晋得矣，而
秦未为利。君何不解郑，得为东道交？"秦伯说，罢兵。
晋亦罢兵。

九年冬，晋文公卒，子襄公欢立。

是岁郑伯亦卒。郑人或卖其国于秦，秦穆公发兵往
袭郑。十二月，秦兵过我郊。

七年，晋文公、秦穆公同围郑国，因为它在文公流亡路过时无礼，以及城
濮之战时郑帮助楚国。因此合围郑国，想要捉到叔瞻，叔瞻听到这消息，立即
自杀。郑国持叔瞻的头告诉晋国，晋君说："一定要得到郑君才甘心。"郑国恐
慌，只好暗中派使者去跟秦穆公说："灭亡郑国而强大晋国，对晋国有利，但
对秦国却没有任何益处。君王何不放下郑国，保留一个东边道路上的朋友呢？"
秦穆公高兴，撤兵了。晋文公也撤兵。

九年冬，晋文公去世，子襄公欢即位。

同年郑伯也去世。郑人有出卖他的国家给秦国，秦穆公派兵偷袭郑国。十
二月，秦兵通过晋郊。

襄公元年春，秦师过周，无礼，王孙满讥之。兵至
滑，郑贾人弦高将市于周，遇之，以十二牛劳秦师。秦
师惊而还，灭滑而去。

【译文】

　　襄公元年春，秦军经过周京，骄横无礼，王孙满曾加讥讽。军队到了滑国，郑国商人弦高正准备到周京去做生意，半途遇到秦军，用十二条牛犒劳秦军，秦军以为郑国有备，大惊而退，灭了滑国离去。

【原文】

　　　　晋先轸曰："秦伯不用蹇叔，反其众心，此可击。"栾枝曰："未报先君施于秦，击之，不可。"先轸曰："秦侮吾孤，伐吾同姓，何德之报？"遂击之。襄公墨衰绖。

【译文】

　　晋先轸说："秦伯不听蹇叔的话，违反他民众的心意，这可以攻击。"栾枝说："尚未报答秦国对先君的恩德，不可攻击。"先轸说："秦国侮辱我新君，又伐我同姓，还有什么恩德可报？"遂派兵攻打秦国，襄公穿着黑色丧服指挥作战。

菫临簋　西周早期。通高16.7厘米，宽33.5厘米，重3.66千克。

【原文】

　　　　四月，败秦师于殽，虏秦三将孟明视、西乞秫、白乙丙以归。遂墨以葬文公。

【译文】

　　四月，在崤山击败秦军，俘虏秦国三位将军孟明视、西乞秫、白乙丙而还。于是穿着黑色丧服葬文公。

【原文】

　　　　文公夫人秦女，谓襄公曰："秦欲得其三将戮之。"公许，遣之。先轸闻之，谓襄公曰："患生矣。"轸乃追秦将。秦将渡河，已在船中，顿首谢，卒不反。

【译文】

　　文公夫人是秦国女子，对襄公说："秦国想得到他们三个将领并杀死他们。"襄公答应，送他们回国，先轸听到以后，对襄公说："祸患从此产生了。"先轸就去追赶秦将，秦将渡黄河，已在船中，见先轸来，便叩头道谢，没有返回。

【原文】

　　　　后三年，秦果使孟明伐晋，报殽之败，取晋汪
以归。

　　　　四年，秦穆公大兴兵伐我，度河，取王官，封殽尸
而去。晋恐，不敢出，遂城守。五年，晋伐秦，取新城，
报王官役也。

　　　　六年，赵衰成子、栾贞子、咎季子犯、霍伯皆卒。
赵盾代赵衰执政。

【译文】

　　过后三年，秦国果真派孟明视来伐晋，报复殽山之耻，夺取晋国的汪邑
而退军。

　　四年，秦穆公大举进兵伐晋，渡过黄河，夺取王官城，在殽山修筑了阵亡
将士陵墓才离去。晋国恐惧，不敢出兵，只得坚守城池。五年，晋军攻打秦国，
夺取新城，报王官战役之仇。

　　六年，赵衰成子、栾贞子、咎季子犯、霍伯五大夫都去世。赵盾代赵衰
执政。

【原文】

　　　　七年八月，襄公卒。太子夷皋少。晋人以难故，欲
立长君。赵盾曰："立襄公弟雍。好善而长，先君爱之；
且近于秦，秦故好也。立善则固，事长则顺，奉爱则
孝，结旧好则安。"贾季曰："不如其弟乐。辰嬴嬖于
二君，立其子，民必安之。"赵盾曰："辰嬴贱，班在九
人下，其子何震之有！且为二君嬖，淫也。为先君子，
不能求大而出在小国，僻也。母淫子僻，无威；陈小而
远，无援。将何可乎！"使士会如秦迎公子雍。贾季亦
使人召公子乐于陈。赵盾废贾季，以其杀阳处父。十月，
葬襄公。十一月，贾季奔翟。是岁，秦穆公亦卒。

【译文】

　　七年八月，襄公去世。太子夷皋年幼，晋人因为国家数历患难，想立年长
的为国君。赵盾说："立襄公弟雍，他好善而年长，先君宠爱他；且与秦国亲

近，秦国原本是友好的邻邦。拥立善人就稳固，服侍年长就顺理，侍奉先君所爱就尽孝，对交旧友就安定。"贾季说："不如立他的弟弟乐，辰嬴曾受宠于怀公与文公，拥立他的儿子，百姓必定归顺。"赵盾说："辰嬴地位低贱，次序排在九人以下，他的儿子有什么威望！况且受两位国君宠幸，是荒淫的事。作为先君的儿子，不能投靠大国，而屈居小国，是孤立。母亲荒淫，儿子无援，没有威望；陈国小而且距离远，毫无外援，那怎么行呢？"于是派士会到秦国去迎接公子雍。贾季也派人到陈国去召公子乐。赵盾废除贾季的官位，因他曾杀死太傅阳处父。十月，安葬襄公，十一月，贾季逃奔到翟国。这一年，秦穆公也去世了。

【原文】

> 灵公元年四月，秦康公曰："昔文公之入也无卫，故有吕、郤之患。"乃多与公子雍卫。太子母穆嬴日夜抱太子以号泣于朝，曰："先君何罪？其嗣亦何罪？舍适而外求君，将安置此？"出朝，则抱以适赵盾所，顿首曰："先君奉此子而属之子，曰'此子材，吾受其赐；不材，吾怨子'。今君卒，言犹在耳，而弃之，若何？"赵盾与诸大夫皆患穆嬴，且畏诛，乃背所迎而立太子夷皋，是为灵公。发兵以距秦送公子雍者。赵盾为将，往击秦，败之令狐。先蔑、随会亡奔秦。秋，齐、宋、卫、郑、曹、许君皆会赵盾，盟于扈，以灵公初立故也。

【译文】

灵公元年四月，秦康公说："以前文公回国时没有强大的护卫，因此发生了吕省、郤芮祸患。"因此给公子雍许多卫士。太子的母亲穆嬴日夜抱着太子在朝廷上哭泣说："先君有什么罪过？他的继承人有什么罪过？放弃嫡子反到国外去寻求国君，打算怎样安排这孩子？"出朝抱着太子到赵盾家，叩头说："先君曾手抱此子托付给先生说：'这孩子成材，我就是受了您的恩惠；如不成材，我将怨恨你。'现在先君去世，说的话还在耳边，你却废弃他，这是为什么？"赵盾与各大夫都顾忌穆嬴，并且害怕被诛杀，只得背弃所迎接的公子雍，而立太子夷皋，这就是灵公。于是派兵去抵御秦国护送公子

荣簋　西周早期。通高14.8厘米，宽28.8厘米，重1千克。

雍的部队。赵盾为将，攻打秦军，在令狐打败他们，先蔑、随会逃到秦国。秋天，齐、宋、卫、郑、曹、许各国的国君都会赵盾，在扈邑签订盟约，因为晋灵公刚刚登位的缘故。

【原文】

四年，伐秦，取少梁。秦亦取晋之殽。

六年，秦康公伐晋，取羁马。晋侯怒，使赵盾、赵穿、郤缺击秦军，大战河曲，赵穿最有功。

七年，晋六卿患随会之在秦，常为晋乱，乃详令魏寿馀反晋降秦。秦使随会之魏，因执会以归晋。

八年，周顷王崩，公卿争权，故不赴。晋使赵盾以车八百乘平周乱而立匡王。是年，楚庄王初即位。十二年，齐人弑其君懿公。

十四年，灵公壮，侈，厚敛以雕墙。从台上弹人，观其避丸也。宰夫胹熊蹯不熟，灵公怒，杀宰夫，使妇人持其尸出弃之，过朝。赵盾、随会前数谏，不听；已又见死人手，二人前谏。随会先谏，不听。灵公患之，使钮麑刺赵盾。盾闺门开，居处节，钮麑退，叹曰："杀忠臣，弃君命，罪一也。"遂触树而死。

【译文】

四年，攻打秦国，夺取少梁。秦也夺取晋国的北殽。

六年，秦康公攻伐晋国，夺取羁马。晋侯大怒，派赵盾、赵穿、郤缺攻打秦，大战于河曲，赵穿最有功劳。

七年，晋国的六卿，担心随会在秦，经常会给晋国制造乱子，于是让魏寿馀假装叛晋投降秦国。秦派随会到魏邑来，因而将随会捉住带回晋国。

八年，周顷王去世，公卿争权，所以不报丧。晋国派赵盾率兵车八百乘平定周乱，拥立匡王。这一年，楚庄王开始即位，十二年，齐人杀害他们的国君懿公。

十四年，灵公长大了，生活极度奢侈，大肆搜刮民财，用彩画装饰墙壁。又从楼台上用弹弓打人，看他们怎样躲避弹丸。厨师炖熊掌不烂，灵公大怒，杀死厨师，叫妇人将他的尸体拿出去丢弃了，经过朝堂。赵盾、随会以前屡谏，不听。不久又看见死人手，二人上前劝谏。随会先谏，不听。灵公害怕他们，派鉏麑去刺杀赵盾。赵盾的内室门户敞开，其居处又十分节俭。鉏麑退出，叹息说："杀死忠臣，违背君王的命令，罪过都一样。"于是就触树而死。

初，盾常田首山，见桑下有饿人。饿人，示眯明也。盾与之食，食其半。问其故，曰："宦三年，未知母之存不，愿遗母。"盾义之，益与之饭肉。已而为晋宰夫，赵盾弗复知也。九月，晋灵公饮赵盾酒，伏甲将攻盾。公宰示眯明知之，恐盾醉不能起，而进曰："君赐臣，觞三行，可以罢。"欲以去赵盾，令先，毋及难。盾既去，灵公伏士未会，先纵啮狗名敖。明为盾搏杀狗。盾曰："弃人用狗，虽猛何为。"然不知明之为阴德也。已而灵公纵伏士出逐赵盾，示眯明反击灵公之伏士，伏士不能进，而竟脱盾。盾问其故，曰："我桑下饿人。"问其名，弗告。明亦因亡去。

起初赵盾常到首山打猪，看见桑枝下有一饿汉，名叫示眯明。赵盾将食物给他吃，饿汉只吃一半，问他原因，说："我在外面当差使三年了，不知母亲还在不在，想留给母亲吃。"赵盾称赞他的孝心，多给他一些饭和肉，后来他去担任晋君的厨师，赵盾不再知道。九月，晋灵公请赵盾饮酒，预先埋伏甲士，想暗杀他，灵公的厨师示眯明知道此事，恐怕赵盾酒醉不能起身，上前说："君王赐宴大臣，三次干杯，就可停止。"打算让赵盾离开，赶在前面不致遭难。赵盾离开后，灵公预伏的甲士还没有会集，就放出一条名叫敖的恶狗去咬赵盾，示眯明替赵盾打死恶狗。赵盾说："丢弃人而用狗，虽猛有什么用？"然而却不知示眯明暗中报答他的恩德。不久灵公指挥预伏的甲士出外追赶赵盾，示眯明反击甲士，使他们无法前进，因此赵盾脱险。后来赵盾问他相救的原因，他说："我就是桑树下的饿汉。"问他名字，不告诉，示眯明也乘机逃走了。

【原文】

　　　　盾遂奔，未出晋境。乙丑，盾昆弟将军赵穿袭杀灵
公于桃园而迎赵盾。赵盾素贵，得民和；灵公少，侈，
民不附，故为弑易。盾复位。晋太史董狐书曰"赵盾弑
其君"，以视于朝。盾曰："弑者赵穿，我无罪。"太史
曰："子为正卿，而亡不出境，反不诛国乱，非子而谁？"
孔子闻之，曰："董狐，古之良史也，书法不隐。宣子，
良大夫也，为法受恶。惜也，出疆乃免。"

【译文】

　　于是赵盾逃亡，但还没走出晋国边境。乙丑日，赵盾同族兄弟将军赵穿，
在桃园暗杀灵公，并迎回赵盾。赵盾一向尊贵，颇得民心；灵公年少奢侈，百
姓不附所以杀他比较容易。赵盾恢复了正卿的职位，晋国太史董狐记载说："赵
盾杀害他的国君。"在朝堂上给大家看。赵盾说："杀国君的是赵穿，我没有罪。"
太史说："你是国家的正卿，逃亡没有出国境，回到朝中又不为国家除乱，杀
国君的不是你，又是谁？"孔子听到此事时说："董狐真是古代的良史，记事书
法不隐瞒罪责；赵宣子也是个好大夫，为守法而受恶名。真可惜啊，当时如果
逃出国境便可免除杀君的恶名了。

【原文】

　　　　赵盾使赵穿迎襄公弟黑臀于周而立之，是为成公。
　　　　成公者，文公少子，其母周女也。壬申，朝于武宫。

【译文】

　　赵盾派赵穿到周京接回襄公的弟弟黑臀，拥立为君，这就是成公。
　　成公原是文公的幼子，他母亲是周王室的女子。壬申，到武宫朝拜祖宗。

【原文】

　　　　成公元年，赐赵氏为公族。伐郑，郑倍晋故也。
三年，郑伯初立，附晋而弃楚。楚怒，伐郑，晋往
救之。
　　　　六年，伐秦，虏秦将赤。
　　　　七年，成公与楚庄王争强，会诸侯于扈。陈畏楚，

不会。晋使中行桓子伐陈，因救郑，与楚战，败楚师。是年，成公卒，子景公据立。

成公元年，赐赵氏为公族大夫，讨伐郑国，因为郑国背叛晋国的缘故。三年，郑伯刚继位，郑国归附晋国背叛了楚国，楚王发怒，讨伐郑国，晋国派兵前往援救。

六年，攻打秦国，俘虏了秦国的将军赤。

七年，成公与楚庄王争强，在扈邑会集诸侯。陈国畏惧楚国，不敢赴会，晋国派中行桓子荀林父攻

作宝彝簋　西周早期。通高25.5厘米，宽30.7厘米，重5.42千克。

打陈国，趁机援救郑国，与楚军交战，击败楚军。同年，成公去世，子景公据即位。

【原文】

景公元年春，陈大夫夏徵舒弑其君灵公。二年，楚庄王伐陈，诛徵舒。

三年，楚庄王围郑，郑告急晋。晋使荀林父将中军，随会将上军，赵朔将下军，郤克、栾书、先縠、韩厥、巩朔佐之。六月，至河。闻楚已服郑，郑伯肉袒与盟而去，荀林父欲还。先縠曰："凡来救郑，不至不可，将率离心。"卒度河。楚已服郑，欲饮马于河为名而去。楚与晋军大战。郑新附楚，畏之，反助楚攻晋。晋军败，走河，争度，船中人指甚众。楚虏我将智䓨。归而林父曰："臣为督将，军败当诛，请死。"景公欲许之，随会曰："昔文公之与楚战城濮，成王归杀子玉，而文公乃喜。今楚已败我师，又诛其将，是助楚杀仇也。"乃止。

【译文】

景公元年春，陈大夫夏徵舒杀害他的国君灵公。二年，楚庄王攻陈，诛杀徵舒。

三年，楚庄王围郑，郑国向晋国求援。晋国派荀林父统率中军，随会统率上军，赵朔统率下军，郤克、栾书、先縠、韩厥、巩朔辅佐他们。六月，大军

到达黄河。听说楚军已使郑国投降，郑君赤膊和楚庄王签订盟约，楚军已经退走，荀林父想领兵回国，先縠说："此次出兵目的是在救郑，非达目的不可，否则将帅会离心。"终于渡河。楚已使郑臣服，想到黄河边上饮马显示一下威名就离去。楚军与晋军大战，郑国新附于楚，畏惧楚国的威势，反助楚军攻打晋国，晋军失败，逃到黄河边，争夺渡船，船中砍下来的手指很多。楚军俘虏晋将军智䓨。回国后荀林父说："我是督军的主将，军队打了败仗，应当惩办，请求处死。"景公原想答应他。随会说："以前文公与楚军在城濮交战，楚成王回国后将子玉杀了，文公才欣喜异常。如今楚军打败我军，我国又诛杀大将，是帮助楚国杀仇敌啊！"景公才作罢。

【原文】

四年，先縠以首计而败晋军河上，恐诛，乃奔翟，与翟谋伐晋。晋觉，乃族縠。縠，先轸子也。

五年，伐郑，为助楚故也。是时楚庄王强，以挫晋兵河上也。

六年，楚伐宋，宋来告急晋，晋欲救之，伯宗谋曰："楚，天方开之，不可当。"乃使解扬绐为救宋。郑人执与楚，楚厚赐，使反其言，令宋急下。解扬绐许之，卒致晋君言。楚欲杀之，或谏，乃归解扬。

七年，晋使随会灭赤狄。

【译文】

四年，先縠由于首先建议而使晋军在黄河打了败仗，害怕被杀，就逃往翟国，与翟谋攻晋国。晋人发觉，就灭先縠的族人。先縠，是先轸的儿子。

五年，攻打郑国，因为它帮助楚国。这时楚庄王强大，结果在黄河边挫败了晋军。

六年，楚攻宋，宋国向晋国告急，晋国想援救

夔纹方器　西周早期。通高37厘米，宽55.8厘米，重17.5千克。

它。伯宗建议说："楚国上天正开拓它，不可阻挡。"于是派解扬诈言救宋。却被郑人抓来送给楚军，楚人以厚礼贿赂他，命他到宋国去散播谣言，使宋国赶紧投降。解扬假装答应，最后传达了晋君的话。楚人想杀他，有人谏说不必，才将解扬释回。

七年，晋国派随会灭了赤狄。

【原文】

八年，使郤克于齐。齐顷公母从楼上观而笑之。所以然者，郤克偻，而鲁使蹇，卫使眇，故齐亦令人如之以导客。郤克怒，归至河上，曰："不报齐者，河伯视之！"至国，请君，欲伐齐。景公问知其故，曰："子之怨，安足以烦国！"弗听。魏文子请老休，辟郤克，克执政。

【译文】

八年，派郤克出使齐国去。齐顷公的母亲从楼上看了发笑，因为郤克驼背，而鲁国使者是瘸子，卫国使者瞎了一只眼，故齐国即也派几位与使者同样的一些残病人做使者的向导。郤克非常愤怒，回到黄河边上说："不向齐国报仇雪耻，河伯可为见证！"回国后要求晋君攻打齐国，景公问明原因就说："以你个人的怨恨，岂可烦扰整个国家。"不听他的要求。后来魏文子年老请求退休，推荐郤克，郤克执掌了国家大政。

【原文】

九年，楚庄王卒。晋伐齐，齐使太子强为质于晋，晋兵罢。

十一年春，齐伐鲁，取隆。鲁告急卫，卫与鲁皆因郤克告急于晋。晋乃使郤克、栾书、韩厥以兵车八百乘与鲁、卫共伐齐。夏，与顷公战于鞍，伤困顷公。顷公乃与其右易位，下取饮，以得脱去。齐师败走，晋追北至齐。顷公献宝器以求平，不听。郤克曰："必得萧桐姪子为质。"齐使曰："萧桐姪子，顷公母；顷公母犹晋君母，奈何必得之？不义。请复战。"晋乃许与平而去。

【译文】

九年，楚庄王去世。晋国攻打齐国，齐国派太子强到晋国为人质，晋兵撤退。

十一年春，齐国攻打鲁国，取得隆邑。鲁国向卫国告急，卫国与鲁国都通过郤克向晋君告急。晋国即派郤克、栾书、韩厥率兵车八百辆与鲁、卫共同伐齐。夏天，与齐顷

鲁侯爵　西周早期。通高20厘米，宽16.2厘米，重0.76千克。

公交战于鞍，打伤并围困齐顷公。顷公和他的卫士交换位置，下车取水，才脱身逃去。齐军战败而逃，晋军追逐溃军到达齐境。顷公奉献国宝要求谈和，晋军却不答应。郤克说："我们一定要萧桐姪子做人质才答应。"齐国的使者说："萧桐姪子，是我顷公的母亲，顷公的母亲就像你们晋君的母亲一样，为何一定要她做人质才行呢？你们太不讲道义了，请再决战。"晋国于是才答应与齐讲和离开。

【原文】

　　　　楚申公巫臣盗夏姬以奔晋，晋以巫臣为邢大夫。

　　　　十二年冬，齐顷公如晋，欲上尊晋景公为王，景公让不敢。晋始作六军，韩厥、鞏朔、赵穿、荀骓、赵括、赵旃皆为卿。智罃自楚归。

　　　　十三年，鲁成公朝晋，晋弗敬，鲁怒去，倍晋。晋伐郑，取氾。

　　　　十四年，梁山崩。问伯宗，伯宗以为不足怪也。

【译文】

　　楚大夫申公巫臣偷娶夏姬投奔晋国，晋君封他为邢大夫。

　　十二年冬，齐顷公到晋国来，想给晋景公上尊号为王，景公推辞不敢接受。晋国开始建立六军，韩厥、鞏朔、赵穿、荀骓、赵括、赵旃六人都任大臣。智罃从楚国归来。

　　十三年，鲁成公来朝拜晋君，晋国对他不尊敬，鲁君发怒离去，背叛晋国。晋国攻伐郑国，攻占氾邑。

　　十四年，梁山崩陷。晋景公询问伯宗，伯宗认为不值得惊怪。

【原文】

　　　　十六年，楚将子反怨巫臣，灭其族。巫臣怒，遗子反书曰："必令子罢于奔命！"乃请使吴，令其子为吴行人，教吴乘车用兵。吴晋始通，约伐楚。

　　　　十七年，诛赵同、赵括，族灭之。韩厥曰："赵衰、赵盾之功岂可忘乎？奈何绝祀！"乃复令赵庶子武为赵后，复与之邑。

　　　　十九年夏，景公病，立其太子寿曼为君，是为厉公。

史记·世家

后月余，景公卒。

厉公元年，初立，欲和诸侯，与秦桓公夹河而盟。
归而秦倍盟，与翟谋伐晋。

十六年，楚将子反怨恨巫臣，诛灭了他的宗族。巫臣大怒，写信给子反说："我一定要让你疲于奔命。"即向晋侯请求出使吴国，让他的儿子做吴国的行人，教导吴国乘车用兵之法。吴晋从此通好，相约攻打楚国。

十七年，诛杀赵同、赵括并灭其族。韩厥说："赵衰与赵盾的功绩难道能够忘记吗？为什么断绝他们的祭祀？"于是才立赵家的一个庶子赵武为后代，再给他封邑。

十九年夏，景公重病，立他的太子寿曼为国君，这就是厉公。一个多月以后，景公去世。

厉公元年，因为刚刚登位，想跟诸侯和好，与秦桓公隔着黄河会盟。刚回国，秦国就背盟，与翟国谋划讨伐晋国。

【原文】

三年，使吕相让秦，因与诸侯伐秦。至泾，败秦于麻隧，虏其将成差。

五年，三郤谗伯宗，杀之。伯宗以好直谏得此祸，国人以是不附厉公。

六年春，郑倍晋与楚盟，晋怒。栾书曰："不可以当吾世而失诸侯。"乃发兵。厉公自将，五月度河。闻楚兵来救，范文子请公欲还。郤至曰："发兵诛逆，见强辟之，无以令诸侯。"遂与战。癸巳，射中楚共王目，楚兵败于鄢陵。子反收余兵，拊循，欲复战，晋患之。共王召子反，其侍者竖阳穀进酒，子反醉，不能见。王怒，让子反，子反死。王遂引兵归。晋由此威诸侯，欲以令天下求霸。

【译文】

三年，晋国派吕相谴责秦国，并与诸侯攻打秦国。到达泾水，在麻隧附近击败秦军，还俘虏了秦将成差。

一一四

　　五年，三郤谗害伯宗，厉公杀了伯宗。伯宗因为喜欢直谏，遭此杀身大祸，国人因此不再亲附厉公。

　　六年春，郑国背叛晋国而与楚国结盟，晋厉公十分愤怒。栾书说："不可在我们这一代失去诸侯。"于是起兵。厉公亲自率军，五月，渡过黄河。听说楚军来救，范文子请厉公回师。郤至说："派军讨伐叛逆叛乱，看见强敌就逃避，没办法对诸侯发号施令。"就与楚军交战。六月癸巳，晋人射中楚共王眼睛，楚军即在鄢陵附近战败。子反收拾残兵，安抚整顿，还想再打，晋人颇为忧虑。共王召唤子反，恰好子反的侍者阳毂送上酒来，子反大醉不能见，共王怒责子反，子反自杀。楚王率军回去。晋国从此威震诸侯，想要号令天下，取得霸权。

史记·世家

【原文】

　　厉公多外嬖姬，归，欲尽去群大夫而立诸姬兄弟。宠姬兄曰胥童，尝与郤至有怨，及栾书又怨郤至不用其计而遂败楚，乃使人间谢楚。楚来诈厉公曰："鄢陵之战，实至召楚，欲作乱，内子周立之。会与国不具，是以事不成。"厉公告栾书，栾书曰："其殆有矣！愿公试使人之周微考之。"果使郤至于周。栾书又使公子周见郤至，郤至不知见卖也。厉公验之，信然，遂怨郤至，欲杀之。

【译文】

　　厉公有许多宠妾，回国后想把所有的大夫全部免职，而任用那些宠妾的兄弟。有一位宠姬的哥哥名叫胥童，曾与郤至结怨，加上栾书又抱怨郤至不采纳他的计谋而竟然打败了楚军，于是派人暗中向楚王谢罪。楚人欺骗厉公说："鄢陵之战，实在是郤至召楚国而来，他想趁机作乱，接公子周回国继位。因盟国没有完全准备，因此事情不成功。"厉公转告栾书。栾书说："大概是这个事啊！希望您派人到周京去暗中察访一番。"厉公果然派郤至到周京去。栾书又使公子周会见郤至，郤至不知已被出卖。厉公暗中派人调查属实，因恨郤至，想将他杀了。

疑觯　西周早期。通高15.4厘米，宽8.9厘米，重0.54千克。

八年，厉公猎，与姬饮，郤至杀豕奉进，宦者夺之。郤至射杀宦者。公怒，曰："季子欺予！"将诛三郤，未发也。郤锜欲攻公，曰："我虽死，公亦病矣。" 郤至曰："信不反君，智不害民，勇不作乱。失此三者，谁与我？我死耳！"十二月壬午，公令胥童以兵八百人袭攻杀三郤。胥童因以劫栾书、中行偃于朝，曰："不杀二子，患必及公。"公曰："一旦杀三卿，寡人不忍益也。"对曰："人将忍君。"公弗听，谢栾书等以诛郤氏罪："大夫复位。"二子顿首曰："幸甚幸甚！"公使胥童为卿。闰月乙卯，厉公游匠骊氏，栾书、中行偃以其党袭捕厉公，囚之。杀胥童，而使人迎公子周于周而立之，是为悼公。

【译文】

八年，厉公出去打猎，与姬妾喝酒，郤至杀猪进献，被宦者所夺。郤至射死宦者。厉公生气地说："季子欺侮我！"打算将郤家三豪诛杀，还没有动手。郤锜要先攻厉公，说道："我虽然会死，厉公也会受伤。" 郤至说："忠信，不反叛君王；明智，不危害人民；勇敢，不制造动乱。失去了这三项，谁肯随从我？我死了吧！"十二年壬午，厉公命胥童率兵八百人偷袭攻杀三郤。胥童乘机在朝堂上劫持栾书与中行偃，并说："不杀此二人，祸患一定殃及你。"厉公说："在一天里杀掉三卿，我不忍再多杀了。"胥童回答道："别人将忍心谋害您。"厉公不听，反向栾书等道歉并说明只是惩处郤氏的罪过，说道："大夫恢复职位。"两人顿首说："很幸运，很幸运！"厉公任命胥童为卿。闰月乙卯，厉公到匠骊氏家去游玩，栾书与中行偃利用他们的党徒袭击逮捕厉公，把他拘禁起来，并杀胥童，派人到京迎接公子周回来，拥立他，这就是悼公。

【原文】

悼公元年正月庚申，栾书、中行偃弑厉公，葬之以一乘车。厉公囚六日死，死十日庚午，智罃迎公子周来，至绛，刑鸡与大夫盟而立之，是为悼公。辛巳，朝武宫。二月乙酉，即位。

【译文】

悼公元年正月庚申，栾书与中行偃杀厉公，用一辆车埋葬他。厉公被囚六天而死，死后十日庚午，智䓨迎公子周回国，到绛邑，斩鸡与大夫盟誓拥立他，这就是悼公。辛巳，朝拜武宫。二月乙酉，正式即位。

【原文】

悼公周者，其大父捷，晋襄公少子也，不得立，号为桓叔，桓叔最爱。桓叔生惠伯谈，谈生悼公周。周之立，年十四矣。悼公曰："大父、父皆不得立而辟难于周，客死焉。寡人自以疏远，毋幾为君。今大夫不忘文、襄之意而惠立桓叔之后，赖宗庙大夫之灵，得奉晋祀，岂敢不战战乎？大夫其亦佐寡人！"于是逐不臣者七人，修旧功，施德惠，收文公入时功臣后。秋，伐郑，郑师败，遂至陈。

【译文】

悼公周，他的祖父名叫捷，是晋襄公的小儿子，没被立为君，号称桓叔，桓叔最受宠爱。桓叔生惠伯谈，谈生悼公周。周被立时只有十四岁。悼公说："我的祖父和父亲都没有能即君位，而避难到周京师，客死在那里。我认为自己疏远，不希望做国君。现在各位大夫不忘文公、襄公的德意，而施惠立桓叔的后代，幸赖宗庙与各大夫的威灵，得以承奉晋国的宗庙祭祀，怎敢不兢兢业业呢？各位大夫也应当辅佐我。"于是驱逐不尽臣道的臣子七个人，继承祖宗旧业，普施德惠，抚恤录用追随文公入晋功臣的后人。秋，攻打郑国，郑军失败，就到陈国。

齐史疑觯 西周早期。通高11.2厘米，口径6.6～8厘米，重0.24千克。

【原文】

三年，晋会诸侯。悼公问群臣可用者，祁傒举解狐。解狐，傒之仇。复问，举其子祁午。君子曰："祁傒可谓不党矣！外举不隐仇，内举不隐子。"方会诸侯，悼公弟杨干乱行，魏绛戮其仆。悼公怒，或谏公，公卒贤绛，任之政，使和戎，戎大亲附。十一年，悼公曰："自吾用魏绛，九合诸侯，和戎、翟，魏子之力也。”赐之乐，三让乃受之。冬，秦取我栎。

【译文】

三年，晋国会合诸侯。悼公问群臣中谁可重用，祁侯推荐解狐，解狐是侯的仇人；再问，侯即推举他的儿子祁午。君子说：“祁侯真可以说是个不偏不私的的人了！推举贤才，在外人之中不埋没仇人，在内亲之中也不回避儿子。”当会集诸侯时，悼公的弟弟杨干闯乱了队伍，魏绛将他的驾车人杀了。悼公十分生气，有人劝谏他，悼公终以魏绛为贤，任命他主持政事，派他去安抚戎人，戎人都来亲附。十一年，悼公说：“自从我用魏绛，九次会集诸侯，安抚戎、翟两族，都是魏子的功劳。”于是赐给他音乐，魏绛三次辞让，才接受下来。冬天，秦国夺取晋国的栎地。

【原文】

十四年，晋使六卿率诸侯伐秦，度泾，大败秦军，至棫林而去。

十五年，悼公问治国于师旷。师旷曰：“惟仁义为本。”冬，悼公卒，子平公彪立。

【译文】

十四年，晋派六卿率诸侯联军攻打秦国，渡过泾水，大败秦军，一直打到棫林才撤回。

十五年，悼公向师旷询问治理国家的道理。师旷说：“只有仁义是根本。”冬天，悼公去世，他的儿子平公彪继位。

【原文】

平公元年，伐齐，齐灵公与战靡下，齐师败走。晏婴曰：“君亦毋勇，何不止战？”遂去。晋追，遂围临菑，尽烧屠其郭中。东至胶，南至沂，齐皆城守，晋乃引兵归。

【译文】

平公元年，攻打齐国，齐灵公与晋军战于靡下，齐师军败退。晏婴说：“您没有勇气，为什么不留下来继续作战？”齐军还是逃走。晋军追逐败军，就包围了齐国的都城临菑，放火焚烧城郭，并屠杀外城的军民。东到胶水，南至沂水，齐人恐慌，都坚守其城，晋便率军回国。

【原文】

　　六年，鲁襄公朝晋。晋栾逞有罪，奔齐。八年，齐庄公微遣栾逞于曲沃，以兵随之。齐兵上太行，栾逞从曲沃中反，袭入绛。绛不戒，平公欲自杀，范献子止公，以其徒击逞，逞败走曲沃。曲沃攻逞，逞死，遂灭栾氏宗。逞者，栾书孙也。其入绛，与魏氏谋。齐庄公闻逞败，乃还，取晋之朝歌去，以报临菑之役也。

【译文】

　　六年，鲁襄公朝见晋君。晋国栾逞犯了罪，逃亡到齐国。八年，齐庄公暗中派遣栾逞回到晋国曲沃，并派军队跟随他。齐兵登上太行山，栾逞在曲沃内造反，偷袭绛城。绛城未加警戒，情势危急，平公想自杀，范献子劝止了平公，率领他的徒党攻击栾逞，栾逞失败逃回曲沃。曲沃的兵民围攻栾逞，将他杀死，因而消灭栾氏宗族。栾逞是栾书的孙子。当他袭入绛城时，跟魏氏商量过。齐庄公听说栾逞失败了，就回师掠取晋国的朝歌而去，以报平公元年屠烧临菑之仇。

【原文】

　　十年，齐崔杼弑其君庄公。晋因齐乱，伐败齐于高唐去，报太行之役也。

【译文】

　　十年，齐崔杼杀害他的国君庄公。晋国趁齐国内乱，派兵攻齐，并在高唐打败齐国军队后离去，报复太行战役之仇。

微师耳尊　西周早期。通高25.7厘米，宽23.2厘米，重3.48千克。

【原文】

　　十四年，吴延陵季子来使，与赵文子、韩宣子、魏献子语，曰："晋国之政，卒归此三家矣。"

十九年，齐使晏婴如晋，与叔向语。叔向曰："晋，季世也，公厚赋为台池而不恤政，政在私门，其可久乎？"晏子然之。

二十二年，伐燕。二十六年，平公卒，子昭公夷立。昭公六年卒。六卿强，公室卑。子顷公去疾立。

【译文】

十四年，吴国延陵季子出使到晋，曾与赵文子、韩宣子、魏献子交谈。事后对人说："晋国的政权，终究会落在这三家。"

十九年，齐国派晏婴出使晋国，曾与叔向交谈。叔向说："晋国，现在到末世了。君王向百姓抽取重税，建筑楼台池塘而不顾国政，政治大权出于私家门下，难道可以长久吗？"晏子觉得这话很对。

二十二年，攻打燕国。二十六年，平公去世，他的儿子昭公夷继位。昭公在位六年而死。此时六卿强大，晋国公室更加微弱。昭公子顷公去疾继位。

【原文】

顷公六年，周景王崩，王子争立。晋六卿平王室乱，立敬王。

九年，鲁季氏逐其君昭公，昭公居乾侯。

十一年，卫、宋使使请晋纳鲁君。季平子私赂范献子，献子受之，乃谓晋君曰："季氏无罪。"不果入鲁君。

十二年，晋之宗家祁傒孙、叔向子，相恶于君。六卿欲弱公室，乃遂以法尽灭其族，而分其邑为十县，各令其子为大夫。晋益弱，六卿皆大。

十四年，顷公卒，子定公午立。

【译文】

顷公六年，周天子景王去世，王子们争夺王位。晋国六卿平定王室内乱，拥立周敬王。

九年，鲁国权臣季氏驱逐他的国君昭公，昭公逃居晋国乾侯。

十一年，卫国与宋国派遣使臣请求晋国护送鲁昭公回国。季平子暗中贿赂范献子，范献子接受贿赂，即对晋君说："鲁季氏没有罪。"因此晋人就不将鲁君送回。

十二年，晋君的宗族祁傒孙、叔向子在晋君面前互相诋毁。六卿想削弱公室，于是就用刑法灭尽了他们的家族，把他们的封邑分为十县，各令自己的儿子为大夫。晋室更弱，六卿都很强大。

十四年，顷公去世，他的儿子定公午继位。

【原文】

定公十一年，鲁阳虎奔晋，赵鞅简子舍之。

十二年，孔子相鲁。

十五年，赵鞅使邯郸大夫午，不信，欲杀午，午与中行寅、范吉射亲攻赵鞅，鞅走保晋阳。定公围晋阳。荀栎、韩不信、魏侈与范、中行为仇，乃移兵伐范、中行。范、中行反，晋君击之，败范、中行。范、中行走朝歌，保之。韩、魏为赵鞅谢晋君，乃赦赵鞅，复位。

二十二年，晋败范、中行氏，二子奔齐。

三十年，定公与吴王夫差会黄池，争长，赵鞅时从，卒长吴。

三十一年，齐田常弒其君简公，而立简公弟骜为平公。三十三年，孔子卒。

三十七年，定公卒，子出公凿立。

【译文】

定公十一年，鲁国阳虎逃奔到晋国，赵鞅简子将他收留。

十二年，孔子在摄理鲁国的丞相职务。

十五年，赵鞅让邯郸大夫午把卫国进贡的五百户还给他以后迁到晋阳去，大夫午答应了又背信，赵鞅要杀耿午。耿午与中行寅、范吉射联合进攻赵鞅，赵鞅逃往晋阳坚守城邑。定公围晋阳。荀栎、韩不信、魏侈跟范吉射、中行寅有仇，就转移军队攻击范、中行，范，中行反叛，晋君攻打他们，大败范、中行。范、中行逃往朝歌，即据城自保。韩、魏为赵鞅向定公道歉，晋君就赦免赵鞅，并恢复他的大夫职位。

二十二年，晋国打败范吉射、中行寅，二人逃奔到齐国。

三十年，定公与吴王夫差在黄池会盟，争当盟主，赵鞅当时随从，终于使吴国当了盟主。

叔卣 西周早期。通高19.3厘米，宽21.6厘米，重2.82千克。

史记·世家

三十一年，齐田常杀他的国君，拥立简公的弟弟骜为平公。三十三年，孔子去世。

三十七年，定公去世，他的儿子出公凿继位。

【原文】

出公十七年，知伯与赵、韩、魏共分范、中行地以为邑。出公怒，告齐、鲁，欲以伐四卿。四卿恐，遂反攻出公。出公奔齐，道死。故知伯乃立昭公曾孙骄为晋君，是为哀公。

【译文】

出公十七年，知伯与赵、韩、魏瓜分范氏、中行氏的领地作为自己的封邑。出公发怒，通告齐、鲁两国，想依靠他们讨伐四卿。四卿恐惧，于是反而攻打出公。出公逃往齐国，死在半路上。所以知伯就立昭公的曾孙骄为晋君，这就是哀公。

【原文】

哀公大父雍，晋昭公少子也，号为戴子。戴子生忌。忌善知伯，早死，故知伯欲尽并晋，未敢，乃立忌子骄为君。当是时，晋国政皆决知伯，晋哀公不得有所制。知伯遂有范、中行地，最强。

【译文】

哀公的祖父雍，原是晋昭公的幼子，号称戴子。戴子生了忌，忌与知伯要好，死得早，所以知伯想完全吞并晋国，还不敢立刻行动，就立忌的儿子骄为君。当时，晋国的政治措施完全由知伯决定，晋哀公对他不能有任何限制。知伯就占有范氏、中行氏的领地，最强大。

【原文】

哀公四年，赵襄子、韩康子、魏桓子共杀知伯，尽并其地。

十八年，哀公卒，子幽公柳立。

【译文】

哀公四年,赵襄子、韩康子、魏桓子联合谋杀知伯,并将其土地完全瓜分。十八年,哀公去世,他的儿子幽公柳继位。

【原文】

幽公之时,晋畏,反朝韩、赵、魏之君。独有绛、曲沃,余皆入三晋。

【译文】

幽公的时候,晋君由于害怕,反而去朝见韩、赵、魏的君主。晋君只领有绛城与曲沃,其余土地尽归韩、赵、魏三晋所有。

【原文】

十五年,魏文侯初立。十八年,幽公淫妇人,夜窃出邑中,盗杀幽公。魏文侯以兵诛晋乱,立幽公子止,是为烈公。

烈公十九年,周威烈王赐赵、韩、魏皆命为诸侯。

二十七年,烈公卒,子孝公颀立。孝公九年,魏武侯初立,袭邯郸,不胜而去。十七年,孝公卒,子静公俱酒立。是岁,齐威王元年也。

【译文】

十五年,魏文侯新登位。十八年,幽公淫乱妇女,夜间私出城中,被强盗所杀。魏文侯率兵平定晋国的动乱,立幽公的儿子止为君,这就是烈公。

烈公十九年,周威烈王赐封赵、韩、魏,都列为诸侯。

二十七年,烈公去世,他的儿子孝公颀继位。孝公九年,魏武侯刚继位,偷袭赵国邯郸,没有获胜就撤兵离去。十七年,孝公去世,他的儿子静公俱酒继位。这年,是齐威王的元年。

小夫卣 西周早期。通高26.5厘米,宽23.4厘米,重2.8千克。

【原文】

静公二年,魏武侯、韩哀侯、赵敬侯灭晋后而三分其地。静公迁为家人,晋绝不祀。

【译文】

　　静公二年，魏武侯、韩哀侯、赵敬侯联合灭了晋国，把它的土地平分了。静公被贬为庶人，从此晋国断绝了祭祀。

【原文】

　　　　太史公曰：晋文公，古所谓明君也，亡居外十九年，至困约，及即位而行赏，尚忘介子推，况骄主乎？灵公既弑，其后成、景致严，至厉大刻，大夫惧诛，祸作。悼公以后日衰，六卿专权。故君道之御其臣下，固不易哉！

【译文】

　　太史公说：晋文公是古代所说的贤明君主，在外流亡十九年，极度坎坷困苦，等到即位后，对臣下大行封赏，尚且忘记了介子推，何况骄横的君主呢！灵公已被杀害，成公和景公极为苛严。到厉公，特别苛刻，大夫怕遭受诛杀，因而祸乱兴起。悼公以后，晋国一天天衰弱，六卿专权。为君之道主要在于如何驾驭臣下，本来不容易啊！

楚世家（熊勇六年——灵王十年）

【原文】

　　　　楚之先祖出自帝颛顼高阳。高阳者，黄帝之孙，昌意之子也。高阳生称，称生卷章，卷章生重黎。重黎为帝喾高辛居火正，甚有功，能光融天下，帝喾命曰祝融。共工氏作乱，帝喾使重黎诛之而不尽。帝乃以庚寅日诛重黎，而以其弟吴回为重黎后，复居火正，为祝融。

　　吴回生陆终。陆终生子六人，坼剖而产焉。其长一曰昆吾；二曰参胡；三曰彭祖；四曰会人；五曰曹姓；六曰季连，芈姓，楚其后也。昆吾氏，夏之时尝为侯伯，桀之时汤灭之。彭祖氏，殷之时尝为侯伯，殷之末世灭彭祖氏。季连生附沮，附沮生穴熊，其后中微，或在中国，或在蛮夷，弗能纪其世。

【译文】

楚国的祖先是颛顼帝高阳的后代。高阳是黄帝的孙子，昌意的儿子。高阳生称，称生卷章，卷章生重黎。重黎为帝喾高辛氏主掌火正，很有功绩，能使天下光明融洽，于是帝喾就赐给他祝融的称号。共工氏作乱，帝喾派遣重黎去讨伐，但是没有彻底消灭他。于是帝喾就在庚寅这天杀了重黎，而以他的弟弟吴回做重黎的继承人，再做火正，仍然称祝融。

吴回生陆终，陆终生了六个儿子，都是剖腹而生的。长子名叫昆吾；次子名叫参胡；三子名叫彭祖；四子名叫会人；五子名叫曹姓；六子名叫季连，季连姓芈，楚国王族就是他的后代。昆吾这一族在夏朝曾经做过侯伯，到了夏桀时，被商汤消灭。彭祖这一族在商朝曾经做过侯伯，商朝末年，也被消灭。季连生附沮，附沮生穴熊，这以后中途衰微了。有的住在中原地区，有的住在东南夷蛮地区，无法记载他们的世系。

黄帝　中国古史传说时期最早的宗祖神，姬姓，号轩辕氏、有熊氏。黄帝为少典之子，有土德之瑞，土色黄，故称黄帝。

【原文】

周文王之时，季连之苗裔曰鬻熊。鬻熊子事文王，蚤卒。其子曰熊丽。熊丽生熊狂，熊狂生熊绎。

熊绎当周成王之时，举文、武勤劳之后嗣，而封熊绎于楚蛮，封以子男之田，姓芈氏，居丹阳。楚子熊绎与鲁公伯禽、卫康叔子牟、晋侯燮、齐太公子吕伋俱事成王。

熊绎生熊艾，熊艾生熊䵣，熊䵣生熊胜。熊胜以弟熊杨为后。熊杨生熊渠。

熊渠生子三人。当周夷王之时，王室微，诸侯或不朝，相伐。熊渠甚得江汉间民和，乃兴兵伐庸、杨粤，至于鄂。熊渠曰："我蛮夷也，不与中国之号谥。"乃立其长子康为句亶王，中子红为鄂王，少子执疵为越章王，皆在江上楚蛮之地。及周厉王之时，暴虐，熊渠畏其伐楚，亦去其王。

【译文】

　　周文王的时候，季连的后代有一位叫鬻熊的人。鬻熊如同儿子一样侍奉文王，死得早。鬻熊的儿子名叫熊丽。熊丽生熊狂，熊狂生熊绎。

　　熊绎在周成王的时候，由于提举文王、武王时勤劳王室功臣的后代，因此把熊绎封在楚蛮地区，给他子男爵位的土地，姓芈，住在丹阳。楚子熊绎和鲁公伯禽、卫康叔子的儿子姬牟、晋侯姬燮、齐太公的儿子吕伋，共同侍奉周成王。

　　熊绎生熊艾，熊艾生熊䵣，熊䵣生熊胜，熊胜以弟弟熊杨为继承人。熊杨生熊渠。

　　熊渠生有三个儿子。当周夷王的时候，王室衰微，有些诸侯甚至不肯朝见天子，而竟互相攻伐。熊渠很得长江、汉水一带百姓的拥戴，于是起兵伐庸、杨粤等国，权力扩展到鄂地。熊渠说："我们是蛮夷，不用中原地区的名称谥号。"于是封他的长子康为句亶王，次子红为鄂王，三子执疵做越章王，都在长江沿岸的楚蛮地区。到了周厉王的时候，厉王暴虐无道，熊渠害怕厉王伐楚，也就取消了这些王号。

【原文】

　　　　后为熊毋康，毋康蚤死。熊渠卒，子熊挚红立。挚红卒，其弟弑而代立，曰熊延。熊延生熊勇。

　　　　熊勇六年，而周人作乱，攻厉王，厉王出奔彘。熊勇十年，卒，弟熊严为后。

　　　　熊严十年，卒。有子四人，长子伯霜，中子仲雪，次子叔堪，少子季徇。熊严卒，长子伯霜代立，是为熊霜。

　　　　熊霜元年，周宣王初立。熊霜六年，卒，三弟争立。仲雪死；叔堪亡，避难于濮；而少弟季徇立，是为熊徇。熊徇十六年，郑桓公初封于郑。二十二年，熊徇卒，子熊咢立。熊咢九年，卒，子熊仪立，是为若敖。

【译文】

　　熊渠的继承人是熊毋康，但是毋康早死。所以熊渠死后，就由次子熊挚红即位。挚红死，他的弟弟代立为王，名叫熊延。熊延生熊勇。

　　熊勇六年，周朝都城里的人作乱，攻打厉王，厉王出走逃到彘。熊勇在位十年而死，弟弟熊严继位。

　　熊严在位十年，去世。他有四个儿子，长子名叫伯霜，次子名叫仲雪，三子名叫叔堪，四子名叫季徇。熊严死后，长子伯霜即位，这就是熊霜。

熊霜元年，周宣王即位为天子。熊霜在位六年而死，三个弟弟争位，结果仲雪死了；叔堪逃亡到濮地避难；最小的弟弟季徇即位，这就是熊徇。熊徇十六年，郑桓公开始受封于郑。熊徇在位二十二年去世，他的儿子熊咢继位。熊咢在位九年去世，由儿子熊仪即位，这就是若敖。

若敖二十年，周幽王为犬戎所弑，周东徙，而秦襄公始列为诸侯。

二十七年，若敖卒，子熊坎立，是为霄敖。霄敖六年，卒，子熊眴立，是为蚡冒。蚡冒十三年，晋始乱，以曲沃之故。蚡冒十七年，卒。蚡冒弟熊通弑蚡冒子而代立，是为楚武王。

武王十七年，晋之曲沃庄伯弑主国晋孝侯。十九年，郑伯弟段作乱。二十一年，郑侵天子之田。二十三年，卫弑其君桓公。二十九年，鲁弑其君隐公。三十一年，宋国太宰华督弑其君殇公。

若敖二十年，周幽王被犬戎杀害，周王室东迁，而秦襄公开始受封于诸侯。

若敖在位二十七年去世，子熊坎继位，这就是霄敖。霄敖在位六年去世，子熊眴继位，这就是蚡冒。蚡冒十三年，晋国因为曲沃的缘故开始发生内乱。蚡冒在位十七年而死。蚡冒的弟弟熊通，杀掉蚡冒的儿子夺取君位，这就是楚武王。

武王十七年，晋国的曲沃庄伯杀了他的国君晋孝侯。十九年，郑伯的弟弟共叔段作乱。二十一年，郑国抢割周王的庄稼。二十三年，卫州吁杀害了他的国君桓公。二十九年，鲁羽父派人杀害他的国君隐公。三十一年，宋太宰华督杀害他的国君殇公。

斸妫壶　西周早期。
通高31.4厘米，口径
9厘米，重2.35千克。

三十五年，楚伐随。随曰："我无罪。"楚曰："我蛮夷也。今诸侯皆为叛相侵，或相杀。我有敝甲，欲以观中国之政，请王室尊吾号。"随人为之周，请尊楚，王室不听，还报楚。三十七年，楚熊通怒曰："吾先鬻熊，文王之师也，蚤终。成王举我先公，乃以子男田令居楚，蛮夷皆率服，而王不加位，我自尊耳。"乃自立，为武王，与随人盟而去。于是始开濮地而有之。

五十一年，周召随侯，数以立楚为王。楚怒，以随背己，伐随。武王卒师中而兵罢。子文王熊赀立，始都郢。

文王二年，伐申过邓，邓人曰"楚王易取"，邓侯不许也。六年，伐蔡，虏蔡哀侯以归，已而释之。楚强，陵江汉间小国，小国皆畏之。十一年，齐桓公始霸，楚亦始大。

【译文】

三十五年，楚国讨伐随国。随侯说："我并没有罪过啊！"楚人说："我们是蛮夷，现在中原诸侯都背叛天子而互相攻伐，互相杀戮。我们有军队，想参与中原地区的政事，请王室尊封我的名号。"随国人为他到周室，请天子尊封楚王名号，周天子不答应，随人回报楚。三十七年，楚熊通发怒地说："我的先祖鬻熊，是文王的老师，早死。成王推举我的祖先熊绎，竟然封他子男爵位的土地，命他居住于楚地。蛮夷无不降服，而天子并未提高楚国的爵位，那么现在我就自称尊号吧！"于是自立为武王，和随人立盟约而退兵。于是楚国开始开辟濮地而据为己有。

五十一年，周天子召见随侯，谴责他拥戴楚君为王。楚武王发怒，以为随侯背叛了自己，因此而伐随。结果武王死在军中，楚军罢兵而退。他的儿子文王熊赀即位，开始迁都于郢。

文王二年，讨伐申国，军队经过邓国。邓人说："楚王是很容易捉到的。"邓侯不答应。六年，攻打蔡国，俘虏了蔡哀侯而回。不久，又释放了他。楚国日渐强大，欺侮长江、汉水流域的小国，小国都畏惧楚国。十一年，齐桓公开始称霸，楚国也开始强大起来。

【原文】

十二年，伐邓，灭之。十三年，卒，子熊囏立，是为庄敖。庄敖五年，欲杀其弟熊恽，恽奔随，与随袭弑庄敖代立，是为成王。

成王恽元年，初即位，布德施惠，结旧好于诸侯。使人献天子，天子赐胙，曰："镇尔南方夷越之乱，无侵中国。"于是楚地千里。

十六年，齐桓公以兵侵楚，至陉山。楚成王使将军屈完以兵御之，与桓公盟。桓公数以周之赋不入王室，楚许之，乃去。

十八年，成王以兵北伐许，许君肉袒谢，乃释之。二十二年，伐黄。二十六年，灭英。

史记·世家

【译文】

十二年，消灭了邓国。文王在位十三年而死，子熊艰即位，这就是庄敖。庄敖五年，想要杀他的弟弟熊恽，熊恽逃奔随国，和随人一起偷袭楚国，杀了庄敖而自已接位，这就是成王。

成王熊恽元年，刚刚即王位，对人民布施仁德恩惠，和诸侯结盟恢复过去的友好关系。派人向周天子进贡，周天子赐给他祭肉，说："好好镇守你的南方，平定夷越的叛乱，不要侵扰中原各国。"于是，楚国的疆土扩展到千里之大。

十六年，齐桓公带兵侵犯楚国，到了陉山。楚成王命令屈完领兵抵御，屈完和桓公订立盟约。桓公责备楚国没有向王室交纳赋税，成王答应继续纳赋，于是齐桓公才率兵离去。

十八年，成王带兵北上攻打许国。许君裸露上身以示认罪，成王就放了他罢兵而去。二十二年，攻打黄国。二十六年，灭亡英国。

【原文】

三十三年，宋襄公欲为盟会，召楚。楚王怒曰："召我，我将好往袭辱之。"遂行，至盂，遂执辱宋公，已而归之。三十四年，郑文公南朝楚。楚成王北伐宋，败之泓，射伤宋襄公，襄公遂病创死。

三十五年，晋公子重耳过楚，成王以诸侯客礼飨，而厚送之于秦。

三十九年，鲁僖公来请兵以伐齐，楚使申侯将兵伐齐，取穀，置齐桓公子雍焉。齐桓公七子皆奔楚，楚尽以为上大夫。灭夔，夔不祀祝融、鬻熊故也。

【译文】

　　三十三年，宋襄公想会合诸侯充当盟主，叫楚国去参加。楚成王发怒说："叫我去，我将正好去袭击羞辱他。"于是出兵到了盂地，抓住宋襄公侮辱一番，不久又将他放了回去。三十四年，郑文公南下朝见楚王。楚成王领军北上攻打宋国，在泓水边打败了宋军，射伤了宋襄公，宋襄公因箭伤而死。

伯盂　西周早期。通高39.5厘米，口径53.3厘米，重35.8千克。

　　三十五年，晋公子重耳经过楚国，成王用对待诸侯的礼节来设宴款待他，而且还赠给丰厚的礼物，送他到秦国。

　　三十九年，鲁僖公来请楚国出兵攻打齐国。楚王派遣申侯率兵伐齐，攻取榖城，安置齐桓公的儿子雍在这里。齐桓公的七个儿子，都奔逃来到楚国，楚王都命他们为上大夫。攻灭夔国，因为夔国不祭祀祝融、鬻熊。

【原文】

　　　　夏，伐宋，宋告急于晋，晋救宋，成王罢归。将军子玉请战，成王曰："重耳亡居外久，卒得反国，天之所开，不可当。"子玉固请，乃与之少师而去。晋果败子玉于城濮。成王怒，诛子玉。

　　　　四十六年。初，成王将以商臣为太子，语令尹子上。子上曰："君之齿未也，而又多内宠，绌乃乱也。楚国之举常在少者。且商臣蜂目而豺声，忍人也，不可立也。"王不听，立之。后又欲立子职而绌太子商臣。商臣闻而未审也，告其傅潘崇曰："何以得其实？"崇曰："飨王之宠姬江芈而勿敬也。"商臣从之。江芈怒曰："宜乎王之欲杀若而立职也。"商臣告潘崇曰："信矣。"崇曰："能事之乎？"曰："不能。""能亡去乎？"曰："不能。""能行大事乎？"曰："能。"冬十月，商臣以宫卫兵围成王。成王请食熊蹯而死，不听。丁未，成王自绞杀。商臣代立，是为穆王。

【译文】

　　这年夏天，攻打宋国。宋国向晋国告急求援，晋国出兵救宋，楚成王罢兵回国。将军子玉请求和晋国交战，成王说："重耳流亡在国外很久，最终能够回国。这是上天在帮助他，我们不能抵挡。"子玉坚决请战，于是成王给了他少量的军队带去。晋国果然在城濮打败了子玉。成王大怒，迫使子玉自杀。

四十六年。起初，成王打算立商臣为太子，告诉令尹子上。子上说："国君你的年龄还轻，而内宫宠爱的美妾又多，废弃再改立，必定出乱子。楚国立太子常常是年少的；再说商臣两眼如蜂而声似豺狼，是个残忍的人，也不可以立为太子。"成王不听，立商臣为太子，以后又想立公子职而废黜太子商臣。商臣听到这个消息，但不知道是否属实，就告诉他的辅相潘崇，说："怎样才能探听到确实的情况呢？"潘崇说："您请王的宠姬江芈来吃饭，却不要对她恭敬就成了。"商臣照着他的话做了。江芈生气地说："国君要杀你而立职，的确对啊！"商臣告诉潘崇说："是真的了。"潘崇说："如果立职为太子，你能侍奉他吗？"商臣说："不能。""你能离开楚国吗？"答说："不能。""你能做大事吗？"答说："能。"冬天的十月，商臣用宫廷守卫的军队围攻成王。成王请求吃了熊掌再死，商臣不答应。丁未日，成王自缢而死。商臣代替继位，这就是穆王。

【原文】

穆王立，以其太子宫予潘崇，使为太师，掌国事。穆王三年，灭江。四年，灭六、蓼。六、蓼，皋陶之后。八年，伐陈。十二年，卒。子庄王侣立。

庄王即位三年，不出号令，日夜为乐，令国中曰："有敢谏者死无赦！"伍举入谏。庄王左抱郑姬，右抱越女，坐钟鼓之间。伍举曰："愿有进隐。"曰："有鸟在于阜，三年不蜚不鸣，是何鸟也？"庄王曰："三年不蜚，蜚将冲天；三年不鸣，鸣将惊人。举退矣，吾知之矣。"居数月，淫益甚。大夫苏从乃入谏。王曰："若不闻令乎？"对曰："杀身以明君，臣之愿也。"于是乃罢淫乐，听政，所诛者数百人，所进者数百人，任伍举、苏从以政，国人大说。是岁灭庸。六年，伐宋，获五百乘。

【译文】

穆王即位，将他做太子时的宫室赐给潘崇，任命他做太师，掌理国家大事。穆王三年，攻灭江国。四年，攻灭六国、蓼国。六国、蓼国都是皋陶的后代。

八年，攻伐陈国。十二年，穆王死。儿子庄王熊侣即位。

庄王即位三年，不发布政令。日夜享乐。命令国人说："有敢进谏的，诛杀不赦。"伍举入宫进谏，庄王左手抱着郑国的美人，右手抱着越国的艳女，坐在钟鼓乐队中间。伍举说："希望有进陈隐语的机会。"接着说："有只鸟栖在高山上，三年来不飞不叫，请问这是什么鸟？"庄王说："三年不飞，一飞必定冲天；三年不叫，一叫必定惊人。伍举你出去吧，我知道你的意思。"过了几个月，庄王更加荒淫，大夫苏从于是入宫进谏。庄王说："你不曾听到命令吗？"苏从回答说："牺牲自身而能使国君清明，这是我的愿望。"于是庄王停止淫乐，开始治理朝政。杀掉了几百不称职的人，进用了几百人，以政事委任伍举和苏从，全国人大为高兴。这一年，攻灭庸国。六年，攻伐宋国，获得战车五百辆。

【原文】

八年，伐陆浑戎，遂至洛，观兵于周郊。周定王使王孙满劳楚王。楚王问鼎小大轻重，对曰："在德不在鼎。"庄王曰："子无阻九鼎！楚国折钩之喙，足以为九鼎。"王孙满曰："呜呼！君王其忘之乎？昔虞夏之盛，远方皆至，贡金九牧，铸鼎象物，百物而为之备，使民知神奸。桀有乱德，鼎迁于殷，载祀六百。殷纣暴虐，鼎迁于周。德之休明，虽小必重；其奸回昏乱，虽大必轻。昔成王定鼎于郏鄏，卜世三十，卜年七百，天所命也。周德虽衰，天命未改。鼎之轻重，未可问也。"楚王乃归。

【译文】

八年，攻伐陆浑戎族，于是来到洛阳，在洛阳城外，阅兵示威。周定王派遣王孙满慰劳楚王。楚王便向他问那传国之宝，九鼎大小轻重如何。王孙满回答说："统治天下在乎德而不在乎鼎。"庄王说："你不要依仗九鼎，楚国只要折断兵器的勾尖，就足够做九鼎了。"王孙满说："唉！君王你难道忘了吗？从前虞、夏的盛世，远方的人都来朝贡，九州的长官，都贡献辖地所产的金属，禹王便把那些金属铸造九鼎，并在鼎上雕刻了山川物象。所有千百异物，雕刻完备，使百姓认识神鬼为害的情况。夏桀昏乱无德，九鼎才移转给殷朝，一共立国六百年。商纣暴虐无道，九鼎又转移给周朝。如果天子德行清明，鼎虽小却是重得难以转移；如果君王邪恶昏乱，鼎虽大却是轻而易动。当初成王把鼎安置在郏鄏的时候，曾经占卜过，可以传三十代，经历七百年，这是上天决定的国运。如今周朝的德政虽已衰微，可是上天的命令并没有改变。这九鼎的轻重，还是不可以问的哩。"楚王于是领兵回国。

【原文】

　　　　九年，相若敖氏。人或谗之王，恐诛，反攻王，王击灭若敖氏之族。十三年，灭舒。

　　　　十六年，伐陈，杀夏徵舒。徵舒弑其君，故诛之也。已破陈，即县之。群臣皆贺，申叔时使齐来，不贺。王问，对曰："鄙语曰：牵牛径人田，田主取其牛。径者则不直矣，取之牛，不亦甚乎？且王以陈之乱而率诸侯伐之，以义伐之而贪其县，亦何以复令于天下！"庄王乃复国陈后。

【译文】

　　九年，任命若敖氏为相。有人在庄王面前毁谤他，若敖氏恐被杀，反过来进攻庄王，庄王反击，诛杀了若敖氏的全族。十三年，攻灭舒国。

　　十六年，攻伐陈国，杀死夏徵舒，因为夏徵舒杀了他的君主，所以惩处了他。既攻下陈国，就把陈国划为楚国的一个县。群臣都来道贺，这时申叔刚由齐国出使回来，唯独不表示庆贺。王责问他原因，申叔回答说："俗话说：牵牛走捷径践踏了人家的庄稼，田地的主人就夺取了他的牛。牵牛闯入别人的田地虽然不对，但是夺取他的牛，不是惩罚过分了吗？再说王因为陈国出了乱子，才率领诸侯攻伐它，以道义攻伐它，却为贪得一个县而消灭它，今后又如何再号令天下呢？"于是楚王便让陈国的后代重建国家。

颂鼎　　西周晚期。通高38.4厘米，宽30.3厘米，重7.24千克。

【原文】

　　　　十七年春，楚庄王围郑，三月，克之。入自皇门，郑伯肉袒牵羊以逆，曰："孤不天，不能事君，君用怀怒，以及敝邑，孤之罪也。敢不惟命是听！宾之南海，若以臣妾赐诸侯，亦惟命是听。若君不忘厉、宣、桓、武，不绝其社稷，使改事君，孤之愿也，非所敢望也。敢布腹心。"楚群臣曰："王勿许。"庄王曰："其君能下人，必能信用其民，庸可绝乎！"庄王自手旗，左右麾军，引兵去三十里而舍，遂许之平。潘尪入盟，子良出质。夏六月，晋救郑，与楚战，大败晋师河上，遂至衡雍而归。

【译文】

十七年春，楚庄王围攻郑国，三个月攻克了它，从郑国皇门进去，郑伯裸露上身，牵着羊来迎接楚军，说："我不为天所保佑，不能侍奉你，因此你心怀愤怒，亲自来到我国，这是我的罪过。我怎敢不听从你的命令！请将我放逐到南海，如果灭掉郑国，把我当成奴隶赏赐给诸侯，我也将听从你的命令。如果你不忘记周厉王、周宣王和郑桓公、郑武公，不绝灭郑国，让我改侍奉你，这是我的愿望。但我不敢有这样的奢望，只是斗胆向您诉说我的肺腑之言罢了。"楚国的群臣都说："请你不要答应。"庄王说："郑君能够这样卑下谦逊，必定能够信用他的老百姓，怎么可以绝灭这样的国君呢？"庄王亲自拿着旗子，左右指挥军队，率领兵士后退，到三十里外扎营。于是答应与郑国讲和。楚国大夫潘尪来订立盟约，郑伯派自己的弟弟子良到楚国作为人质。夏六月，晋国救郑，和楚军大战，楚军在黄河边上大败晋军，一直攻到衡雍而回。

【原文】

二十年，围宋，以杀楚使也。围宋五月，城中食尽，易子而食，析骨而炊。宋华元出告以情。庄王曰："君子哉！"遂罢兵去。

【译文】

二十年，围攻宋国，因为宋国杀了楚国的使臣。包围宋国五个月，宋国城内粮食已尽，人们交换孩子来吃，劈碎骨头来烧。宋大夫华元出城以实情告诉庄王。庄王说："华元真是个君子啊！"于是罢兵而离去。

【原文】

二十三年，庄王卒，子共王审立。

【译文】

二十三年，庄王死，儿子共王审即位。

【原文】

共王十六年，晋伐郑。郑告急，共王救郑。与晋兵战鄢陵，晋败楚，射中共王目。共王召将军子反。子反嗜酒，从者竖阳谷进酒，醉。王怒，射杀子反，遂罢兵归。

【译文】

共王十六年，晋国攻打郑国，郑国向楚国告急，共王率军救郑。和晋国的军队在鄢陵大战，晋军打败了楚军，晋兵射伤共王的眼睛。共王召见将军子反。子反贪杯，随从之中有一个小使叫竖阳谷的专门为他进酒，子反喝醉了无法来见。共王大怒，就把他射死了，于是罢兵而回。

【原文】

三十一年，共王卒，子康王招立。康王立十五年卒，子员立，是为郏敖。

【译文】

三十一年，共王去世，儿子康王招继位。康王在位十五年而死，儿子员继位，这就是郏敖。

【原文】

康王宠弟公子围、子比、子皙、弃疾。郏敖三年，以其季父康王弟公子围为令尹，主兵事。四年，围使郑，道闻王疾而还。十二月己酉，围入问王疾，绞而弑之，遂杀其子莫及平夏。使使赴于郑。伍举问曰："谁为后？"对曰："寡大夫围。"伍举更曰："共王之子围为长。"子比奔晋，而围立，是为灵王。

康王宠爱弟弟公子围、公子比、公子皙、公子弃疾四人。郏敖三年，任命他的叔叔父康王的弟弟公子围为令尹，主掌军事。四年，公子围出使郑国，在路上听说国王病了，于是就回国。十二月己酉日，公子围进宫探问王的病情，趁机勒死国王，并杀死王的儿子莫和平夏，派遣使臣到郑国报丧。这时伍举假设为郑君，问使者说："谁是继承人？"使者回答说："敝国大夫公子围。"伍举更改使者的话说："你要回答：'共王的儿子公子围最大。'"子比逃到晋国，而公子围即位，这就是灵王。

师旋鼎 西周中期。通高15.8厘米，宽17.6厘米，重1.92千克。

【原文】

灵王三年六月，楚使使告晋，欲会诸侯。诸侯皆会楚于申。伍举曰："昔夏启有钧台之飨，商汤有景亳之命，周武王有盟津之誓，成王有岐阳之蒐，康王有丰宫之朝，穆王有涂山之会，齐桓有召陵之师，晋文有践土之盟，君其何用？"灵王曰："用桓公。"时郑子产在焉。于是晋、宋、鲁、卫不往。灵王已盟，有骄色。伍举曰："桀为有仍之会，有缗叛之。纣为黎山之会，东夷叛之。幽王为太室之盟，戎、翟叛之，君其慎终！"

【译文】

灵王三年六月，楚国派遣使臣通知晋国，想要会合诸侯。诸侯都到申地和楚会盟。伍举说："过去夏启有钧台的宴飨，商汤有景亳的诰令，周武王有盟津的誓师，成王有岐阳的狩猎，康王有丰宫的朝见，穆王有涂山的会合，齐桓公有召陵的出师，晋文公有践土的盟誓，你打算用哪种礼仪？"灵王说："用齐桓公在召陵会合诸侯的礼节。"当时，郑子产也在场，而晋国、宋国、鲁国、卫国都没有来参加。灵王同诸侯订盟后，显出骄傲的神色。伍举说："夏桀举行仍国的会盟，有缗反叛他。商纣举行黎山的会盟，东夷反叛它。周幽王举行太室山的会盟，不久戎、翟反叛它。都是由于骄傲反致。你要慎重行事，考虑后果啊。"

【原文】

　　　　七月，楚以诸侯兵伐吴，围朱方。八月，克之，囚
庆封，灭其族。以封徇，曰："无效齐庆封弑其君而弱
其孤，以盟诸大夫！"封反曰："莫如楚共王庶子围弑其
君兄之子员而代之立！"于是灵王使疾杀之。

【译文】

　　七月，楚国率领诸侯的军队讨伐吴国，围攻朱方。八月，攻下朱方，囚禁
大夫庆封，诛灭了他的全族。派人带着庆封，巡示各诸侯，宣布说："不要效
法齐国大夫庆封那样：杀害他的国君，欺压他的幼主，而劫持大夫们和他结
盟！"庆封反唇相讥说："不要像楚共王庶子围那样：杀害他的国君——侄儿员，
并且代他而登位。"于是灵王派遣弃疾杀死了庆封。

【原文】

　　　　七年，就章华台，下令内亡人实之。

【译文】

　　七年，建成了章华台，灵王下令收纳逃亡的人来充当其中的仆役。

【原文】

　　　　八年，使公子弃疾将兵灭陈。十年，召蔡侯，醉而
杀之。使弃疾定蔡，因为陈、蔡公。

【译文】

　　八年，派遣公子弃疾带领军队攻灭陈国。十年，召见蔡侯，灌醉后杀掉蔡
侯，派遣弃疾平定蔡国，因而任命弃疾为陈、蔡公。